とんかつ
かつき
今日のサービスランチ
ひれかつ
チキンかつ

街のレストラン
コトブキ

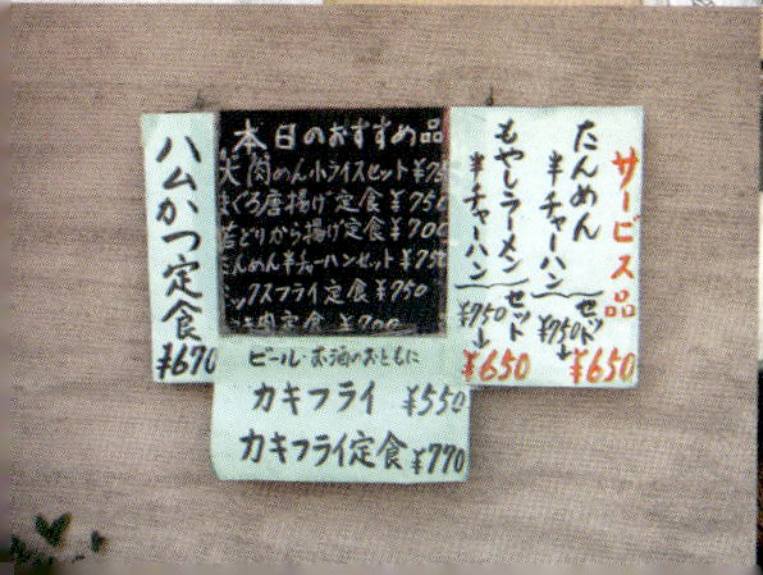
ハムかつ定食 ¥670
本日のおすすめ品
ビール・お酒のおともに
カキフライ ¥550
カキフライ定食 ¥770
サービス品
たんめん 半チャーハン セット ¥750 → ¥650
もやしラーメン 半チャーハン セット ¥750 → ¥650

ざる 330円
かけ 260円
MENU
WELCOME TO KAWAMURAYA
1 かけ Plain 260 Yen Comes with no toppings Most simple menu, but the best way to enjoy our freshly prepared soup
2 天ぷら With Tempura 360 Yen Most popular menu among Japanese customers. Fresh vegetable and shrimp are used for this round-shaped Tempura
3 いか天 With Squid Tempura 390 Yen Carefully chosen and very tender squid is fried into Tempura
4 あじ天 With Fish Tempura 390 Yen Carefully chosen and extremely fresh fish (Horse Mackerel) is fried into Tempura
5 たまご With Fresh Egg 310 Yen Eggs fresh from the form are used. Although a raw egg is used, it will be half-cooked when served after boiled soup is poured on the egg
6 とり With Cooked Chicken 360 Yen One of the most popular bowls among foreign customers. Specially cooked chicken meat is used as a topping
7 山菜 With Vege-table 360 Yen Specially prepared edible wild plants come as a topping. Though you may not be a vegetarian, ideal menu if you are on a diet.
8 きつね With Fried Bean Curd 340 Yen Fox, if directly translated into English. Rest assured you are not eating fox meat. It comes with deep fried bean curd.
9 いなり Inari Price for 2 Pieces 140 Yen Rice boiled and then specially flavored with vinegar, sesame and other ingredients come in fried bean curd. Ideal side dish
WE SERVE JAPANESE NOODLES HERE!

井土ケ谷駅

タマヨシ

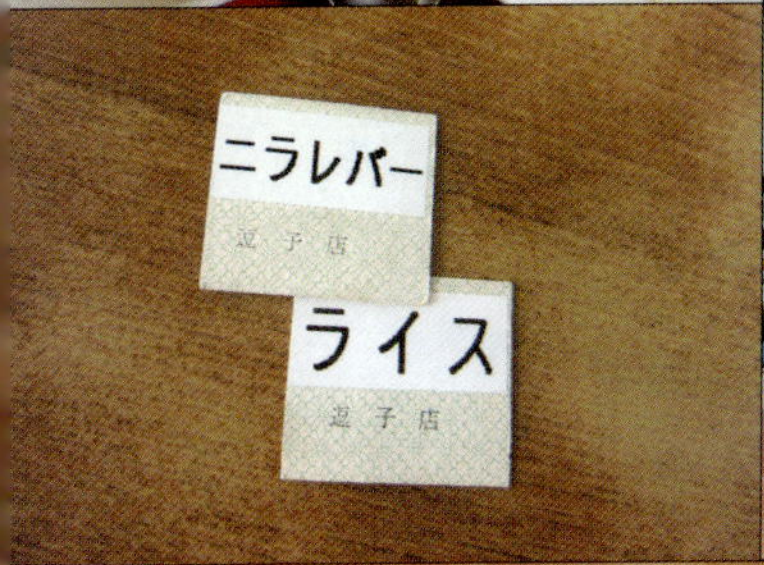
ニラレバー
逗子店
ライス
逗子店

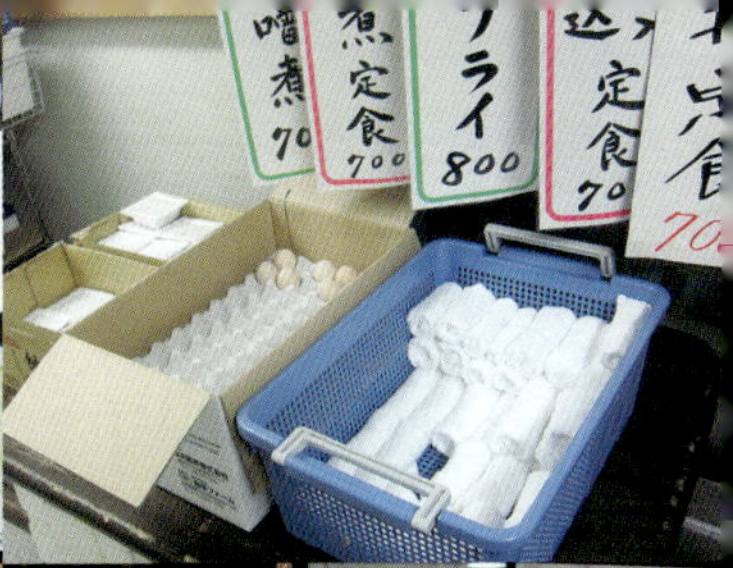
フライ
800

本日の日替定食
A 米澤豚ソテーピリ辛コチジャン
B かさごの塩焼
C ポーク生姜焼
各 ¥920
本日の食べほうだいパスタ
スパゲティナポリタン
¥920
レトロな生姜焼丼定食
豚ロースみそソテー
ヒレカツカレー
若鶏バジルのパリパリ焼 冷しトマト付
牛豚厚切り焼肉盛り合せ
金目鯛の粕漬焼
真鯛の西京焼
ピリ辛肉みそ冷し中華
各 ¥920
まぐろ納豆丼
ビーフステーキ (牛もも100g)
各 ¥980
かき氷 セット
〈期間限定〉
セットのお飲み物の かわり
かき氷(小)が付けられます

日替定食に付く
今月のおまけ
(単品¥100)
温泉玉子
小さな ミツ豆
味付のり
冷 奴
ヨーグルト
コーヒーゼリー

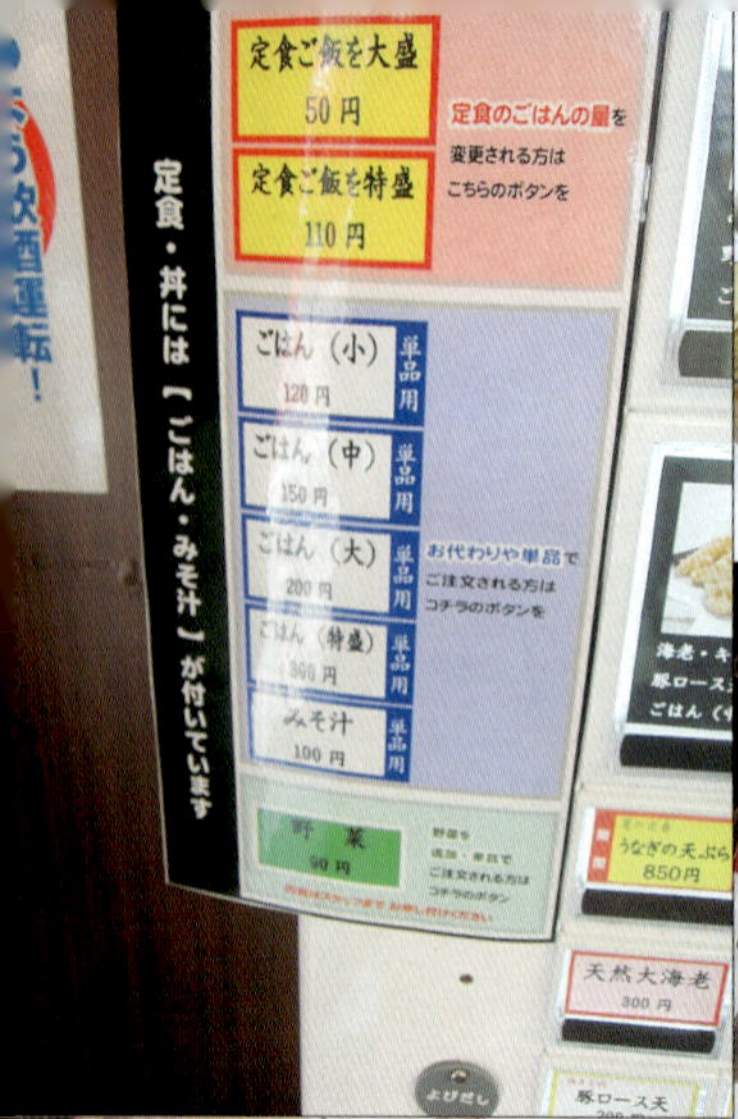
定食ご飯を大盛
50円
定食ご飯を特盛
110円
定食のごはんの量を
変更される方は
こちらのボタンを
定食・丼には【ごはん・みそ汁】が付いています
ごはん（小）
120円
単品用
ごはん（中）
150円
単品用
ごはん（大）
200円
単品用
ごはん（特盛）
単品用
みそ汁
100円
単品用
お代わりや単品で
ご注文される方は
コチラのボタンを
野菜
90円
うなぎの天ぷら
850円
天然大海老
300円
豚ロース天
よびだし

ランチメニュー

Takashimaya

中国料理 上海王

鳥海山

お弁当
¥500
お弁当
¥425
五目おこわ
¥680
白玉ぜんざい
¥390

だんご
大福
盛光堂

創業昭和11年
ラーメンとお食事
あしなや
あしなや

勝烈庵
勝烈庵

K-1定食
680円
満足定食

おかか

日のランチ
びっくり膳
寿司、刺身、天ぷら、うどん
ライス、茶碗蒸し、付き
750円

中華めん類
ラーメン
ワンタン
ワンタンメン
タンメン
マーボ定食 700
マーボラーメン 700
肉ギムチイタメ 550
肉キムチラーメン 750
半カレー ラーメンセット 750
ラーメンセット 750
ラーメンセット 750
ラーメンセット 750
ラーメンセット 750
カツカレー 750
カツ定食 750
玉子丼 650
玉子そば 650
カルビ丼 850
スタミナ丼 850
味自慢
カルビ定食
¥850
エビフライ定食 850
カキフライ定食 800
Aランチ 750
Bランチ 700

タマヨシ
タマヨシ

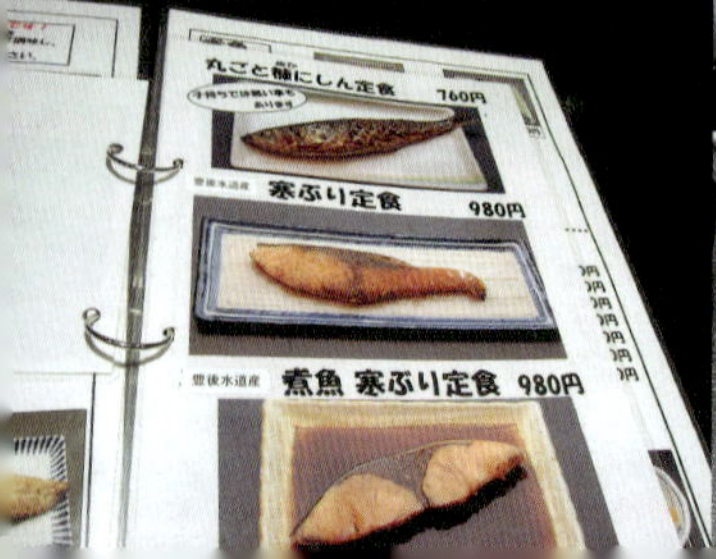
丸ごと焼にしん定食 760円
寒ぶり定食 980円
煮魚 寒ぶり定食 980円

coffee

味の食堂
TEL22-0660
レストラン

お子様セット
¥650
ミックストースト
¥850 セット
ホットケーキ
¥480
KIRIN
ピザトースト
¥600
クリームソーダ
¥680
¥920
¥920
クリームあんみつ
¥620

釜めし
忍

13:00〜15:00
コーヒー or 紅茶
サービス致します
丼とそばのセット
650円〜980円
カキフライ丼と
そばのセット 880円

ば
定食
週替りです♪
ライス・みそ汁・つけもの・つけ合せ付
牛肉 れんこん ごぼう 甘辛炒め ¥890
豚肉・小松菜・もやし 正油炒め ¥790
ツナとチーズのオムレツ ¥790
サバの塩麹漬 ¥790

かもめ文庫 ㊷

今 柊二 著

かながわ定食紀行 4杯目! そっと出し

はじめに

今、この瞬間においしくいただく！

時代が変わると、新しくステキな店ができるけれど、その一方で、なじみの店や、由緒ある店がなくなってしまうこともある。残念なことだけれど、その店ごとに様々な事情があるため仕方がないことでもある。

何度も食べていたなじみのある店はともかく、「いつか食べよう」と思っていたお店が、未食のままなくなってしまうのが本当にせつない。一回でも食べて、そのおいしさを理解できたお店は、たとえなくなっても「どうおいしかったか」のかを他の人に伝えることができるからね。他の人に伝えれば、そのおいしさはいつかどこかで復活するかもしれないからだ。つまり、店で食べるということは、その店の〝味の遺伝子〟を継承することでもあるのだ。

ゆえに、最近は定食のお店に入るときは次の2つのことを心がけている。1つは、気になる店にはすぐに入り、その瞬間においしくいただくこと。店がずっと続けばそれにまさる幸せはないけれど、もし閉店した場合でも〝味の遺伝子〟を受け継ぐことができているから。そしてもう1つは、お店で定食をいただき、継承した〝味の遺伝子〟を広く読者の皆さんに伝えること。皆さんにそのおいしさやステキさが伝われば、そのお店が栄えることに微力ながら役立つかもしれないし、皆さんに受け継いでいただいた〝味の遺伝子〟がさらにどこかで発展するかもしれないからだ。

「かながわ定食紀行」もついに4作目。読者の皆さんのおかげです。これからも神奈川の定食のおいしさ、定食屋の素晴らしさを皆さんにお伝えしていければ私はシアワセです。

今柊二

目次

＊店舗情報は取材時のものです。追加取材で確認しておりますが、メニューや価格など変更されている場合もございます。あらかじめご了承ください。

151話からはじまるよ！

151 分厚く美しいカリカリ衣のハムカツ　コシバ食堂

川崎市役所に用事があった。2時すぎに用事が終わって、あたりをフラリと歩いていると〈味のデパート　コシバ〉と、看板からして間違いなく素晴らしいに違いないメッセージを発している店がある。「やった！」と思いつつ表にあるメニューを見るとうっとりするようなメニューの数々。若鶏唐揚げ定食700円、ミックスフライ定食750円など、結構目移りするが、そのなかでも、特に私の目がグッとくぎ付けになったのが「ハムかつ定食」670円。「もう我慢できない！」と思って入店。

入るとテレビがあり、みなさん元気に各自の定食を食べている直球の定食屋風景。空いていたテーブルに座って注文。出てきた水を飲みつつしばし待つ。にぎやかなご婦人の軍団、食べているときもマジメそうな役人らしきおじさん集団、ぼんやり

十文字に切られているところが美しくて力強い！

した1人のヤングなど幅広い客層。そんなみなさんの様子を眺めていると定食登場。おお格好良い定食！　小皿が2つついていていいですね。まずは味噌汁。具は豆腐で、いい塩梅の味噌汁。気持ちが落ち着いたところで、ハムカツに。

美しい！　分厚いハムだなあ。2つあって十文字に切られて各4パーツとなっている。ソースをドボボッとかけてカラシを塗って食べると、カリカリした衣と頼もしいハムの素晴らしいハーモニー。こりゃ、おいしいね。ハムカツはトンカツとは違ったおいしさがある。ハム自体も塩気があって、それをソースの酸味をプラスして食べる味わいですね。ハムの周辺のちょっと硬

いところも味わい深い。

さらに、この店は、ハムカツのお皿にキャベツとともにマヨネーズも添えられていて、それを塗って食べるとマイルドな味になる。ハムとマヨはとても相性がいいからね。これだけでもうれしいのに、おまけに大根の浅漬けとヒジキの小皿という援軍もいて、「体に気をつけて！」と励ましてくれているようだ。お店の優しい心遣いにちょっと涙ぐみつつヒジキを食べたのであった（あっ、カラシが効きすぎたのかも）。（２０１２年５月13日）

＊追記　２０１４年７月現在、若鶏から揚げ定食は７３０円、ミックスフライ定食７８０円、ハムかつ定食７００円になった。なんと延焼火災で営業を休止していたが、２０１４年２月28日より営業を仮店舗で再開。場所は東田町10－34　丸福ビル２階。ちなみに、２０１５年１月には元の場所に店舗が完成予定とのこと。ちなみに、コシバは川崎市役所の人たちにも愛されているが、仮店舗にもよく来るそうです。

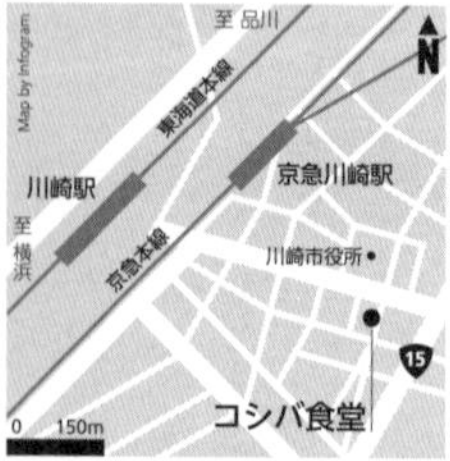

★コシバ食堂
川崎市川崎区東田町６－１
（平和通り商店街）
☎044（233）0807
ＪＲ川崎駅から徒歩10分、京急川崎駅から徒歩６分。
土曜休み。

152 ごちそう感に満ち満ちたハンバーグ

洋食 プクプク亭

土曜の昼、用事があって恵比寿に行かねばならない。時間は12時ちょっと前。昼飯には少しばかり早いけれど、その用事の前に腹ごしらえをしておこう。今日はハンバーグがいいな。そうだ、〈プクプク亭〉が少し前に日吉駅前に移転したと聞いていたので、訪れてみよう。かくして日吉で東横線を降りて、少しばかり歩いてビルの2階にある店に入る。昼前なのに、もうすでに混んでいる。数あるランチのなかから、「プクプク亭特製ハンバーグ」995円を選ぶ。ライスとドリンク付きだ。カウンターに座り、注文。飲み物は食後にアイスコーヒーにする。

出てきた冷たいお茶を飲みつつしばし待つ。店内のお客は、若者からマダムまで実に多様だが、日吉特有のちょっと軽やかな雰囲気が共通している。東横沿線のなかでも際立っている気がするな。さて、カウンターの向こうでは私のハンバーグが

デミグラスソースと白いソースの組み合わせがきれいですな

鋭意作成されているようで、ジューッと音が聞こえるとなんだかワクワクするなあ。かくしてハンバーグとライス登場。白い大きなお皿にハンバーグ。たっぷりのデミグラスソース、その上に白いソース。マカロニとキャベツのサラダがついている。

まずはハンバーグから。やわらかい…。おっとこれはスゴイ、肉々しいのになめらかだ。ソースがとてつもなくうまい。ちょっと酸味があって深みがあって新鮮な感じ。さらに白いソースがピリッと味を引き締めている（西洋ワサビが入っているらしい）。…うわあ、くだらないグルメ評論みたいになっちゃったけど、ご飯のおいしさも含めて、これはモノスゴいごちそうだ。こうい

うハンバーグはなかなか食べられないなと感心して食べ進める。さらにマカロニサラダ、ドレッシングのかかったキャベツもすべて隙のないおいしさ。なかでもこのソースは抜群だ。ライスを食べ終えた後、まだソースが残っていたので、キャベツをソースに絡めて食してしまったのであった。食後のアイスコーヒーも素晴らしかったです。（2012年5月27日）

＊追記　2014年7月現在、ランチの特製ハンバーグ定食は1080円とのこと。また食べに行きたいなあ。

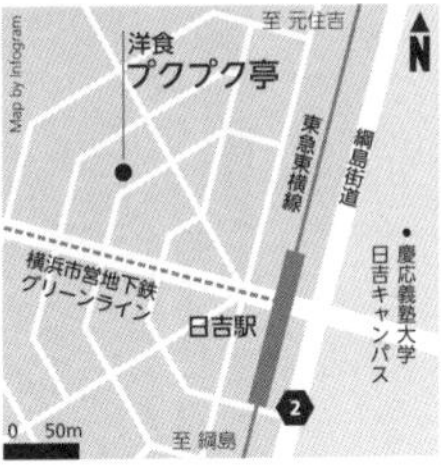

★洋食 プクプク亭
横浜市港北区日吉本町1－3－17、日光ビル2階
☎045(564)0227
東急東横線または横浜市営地下鉄日吉駅から徒歩2分。月曜と第2・第4火曜休み。

153 新鮮な肉のおいしさ全開 ポーク丼

炭火焼肉・ホルモン 濱蔵 茅ケ崎店

ちょっと最近、茅ケ崎に来る用事が多い。この街はいろいろと良い店が多くていいね。恐らくとても住みやすい街なのだろう。さて、今日は12時ジャストの昼食タイム。目当てにしていたお店が定休日で、どうしようかと放浪していたら、〈濱蔵〈はまぞう〉〉という店が目に入った。なんでも横浜ビーフの店とのこと。ランチをやっているようで、ビーフじゃないけど「やまゆりポーク丼」がおいしそうだったのでこれにしよう。８５０円だ。

２階にあるお店に入るとなんだかゆったりとした雰囲気が流れている。テーブル席に座らせてもらい、注文して水を飲みつつしばし待つ。窓の外からはおだやかな日の光が差し込んできて、平日の湘南昼下がりという感じで、なんだか落ち着くな。目を厨房の方に転じると（少しばかりそちらの様子が覗ける）、炎がちょっと見え

うまい肉と米！　いやあシアワセだ

ていた。私のポーク丼を作ってくれているのかもと思っていると、やはりその通りだったようで、間もなく調理が完了して、堂々の登場。おお、なんとも美しいポーク丼だなあ。
まずはお椀の蓋をあけておつゆを飲むことにしよう。これはワカメスープ。ワカメがたっぷりだな。続けてポーク丼をいただく。これは白いご飯の上にキャベツ、豚肉、アサツキが載っている。スプーンが添えられていたのでこれを使って食べよう。トロリとしたタレで閉じ込められていた豚肉のおいしさが、口に入れたとたん、パーッと広がっていくような感じだ。丼に敷かれているキャベツのシャキシャキ感もいいけれど、なんといっても肉の新鮮さが感動的だな、こりゃ、ものすごいごちそう感があるよ。もりもり食べ進み、またたく間に完食。

食後のデザートの代わりに大根サラダをいただく。こちらはとてもさっぱりしていて、すべてを食べ終わった後に、肉を食べた満足感と、野菜をとったバランス感が体の中にあふれるステキな昼ごはんとなった。ちなみに、この店は横浜のほか、都内にも仲間の店があるようなので、そちらもそのうちに訪れてみよう。（2012年6月10日）

＊追記　2014年7月現在、「やまゆりポーク丼」は874円に。

★濱蔵（はまぞう）茅ケ崎店
茅ケ崎市新栄町13−45、
鴨志田ビル２階
☎0467（85）2933
茅ケ崎駅から徒歩５分。無休。

154

香ばしくクリスピーなアジフライ

中華料理タマヨシ

慶応大学湘南藤沢キャンパスで用事が終わり、バスで辻堂駅に出る。途中のどかな田園地帯を通り、辻堂駅北口に到着。テラスモール湘南ができたおかげでものすごく人がいるな。このテラスモールのフードコートで食べてもいいけど、恐ろしく混んでいるので、南口に回ろう。確かいい店があったのだ。それにしてもなんだかズイブンと店が減っているな。記憶をたどって歩いていくと、ありましたよ〈中華料理タマヨシ〉。それにしても清潔な暖簾で、店の気合がわかるというものである。

かくして入店。中華料理店だけど、定食がズイブンと多い。「鳥の唐揚げ定食」も気になるが、「アジフライ定食」だな。７００円。２人がけのテーブルに座り、注文し、店の奥にあるテレビのＮＨＫ平清盛の再放送を見つつしばし待つ。「松田聖子も出ているのか」と感心していると、定食登場。おお、なんともイケてるアジ

アジフライの尾のはね方もナイス

フライが2匹。ではまず味噌汁を。お椀の半分くらい入っている量がいい。具はネギと豆腐。むむ、温度といい濃さといい絶妙にうまい味噌汁。

続けてアジフライ。まずはソースで。食べるとなんという香ばしさ！　よ〜く揚がった衣とおいしく引き締まったアジの身のハーモニーが素晴らしい。やや薄いアジのせいか、火がよく通っていて、クリスピーですらあるよ。よし、今度は醤油で食べてみよう。醤油も悪くはないが、このアジフライは完全にソース仕様だと思ったので、ソース方針を固めて食べ進める。また、アジフライの傍らには生野菜のほかにマカロニサラダ、トマトもいてうれしいなあ。さ

らに、おかみさんが持ってきてくれたふりかけという気遣いもうれしいなあ。漬物もたくあんとキュウリの浅漬けと2種類あってステキだ。

満足しつつ完食。会計時におかみさんに伺うと、この店は46年目。実はチェーン店で、かつては仲間の店がいっぱいあったそうだ。現在も藤沢にまだ仲間の店があるとのことなのでそちらも近々訪れてみることにしよう。（2012年6月24日）

＊追記　2014年7月現在、「アジフライ定食」は値段据え置きで700円！「しばらくこのままでいきますよ」とおかみさん。いやあ、ほかの定食も食べたいのでまた行こう。

★中華料理タマヨシ
藤沢市辻堂１－10－29
☎0466(36)8787
辻堂駅から徒歩７分。木曜休み。

155 鉄板の上にドーンとカルビご飯も進む

横濱みなと亭（番外・東京編）

今回は東京編。地下鉄（私は東京メトロ半蔵門線を利用）を青山一丁目駅で降りた。地上に出ると天気もよくてきれいな青空が広がる。街はやはり、青山らしくさわやかなオフィスゾーンという感じですね。さて、なぜここで降りたかというと、153回で紹介した茅ケ崎の「濱蔵」の仲間の店、〈横濱みなと亭〉があるからですね。店の場所は、駅からほど近いウィン青山というビルの1階にあるらしい。テクテクと歩いていく。訪れたのが12時ちょっとすぎ、うわあ、人がいっぱいだ。やはりオフィス街のランチタイムをなめてはいけませんね（笑）。みなと亭の前にもサラリーマンたちが並んでいる。仕方がないので少し並ぼう。

待っている間に、お店の人がメニューを渡してくれた。何にしようか、ハンバーグもとても良さそうなんだけど、やはりカルビのランチにしよう。950円。ご飯

またしてもうまい肉と米！　青山でもシアワセだ！

の大盛りもできるのでそうしてもらう。店の外で注文して15分くらい待って入店。中央の大テーブルに座って、お茶を飲みつつしばし待つ。この店はランチタイムだけオープンしているのだが、いやあ、店内は活気があるなあ。男子も女子もみんなもりもり食べているよ。

かくして私のランチ到着。おお、肉が鉄板の上でジュージュー音がしているよ！「今、焼けてる最中ですぜ、早く食べたほうがいいですぜ」とお肉がつぶやいているようだよ。いやあ、これはすさまじいおかず力がありそうだなあ。でも最初はやはりスープからいこう(これはワカメスープだ)。

では鉄板にいくぜ！　玉ネギの上にドー

ンとカルビ（国産とのこと）が載っている。早速食べるとやわらかくてうまい牛肉！　こりゃとても力でるなあ。味付けも甘くてしょっぱくていい感じ。うまいうまいとご飯をどんどん食べる。大盛りにしてもらったけど、これはまだまだいけそうだよ。大根サラダで少し箸休めをした後に、ご飯を食べきって、「すみません！　半ライスください！」と叫んだのであった（ステキなことにご飯のおかわりもできるのです）。（2012年7月8日）

＊追記　2014年7月現在、「カルビのランチ」は980円。

★横濱みなと亭
東京都港区南青山2－2－15、ウィン青山1階
☎03（3408）5176
青山一丁目駅5番出口から徒歩2分。土・日曜と祝日休み。

156

サクサク揚げ方絶妙 チキンカツ

とんかつ美とん さくらい 井土ケ谷店

雨の降る土曜日、京急を井土ケ谷駅で降りた。意外と、この駅では降りたことはないな（個人的には南区在住の友達がいっぱいいるのだが）。今回、ここで降りたのはおいしいトンカツ屋があると聞いたからだ。井土ケ谷に実家のある友人によると、なんでも「ごちそうといえばその店のチキンカツだった」というのだ。まあ、横浜はかなりカツ濃度は高いですけどね。

かくして、数分歩いて、目指していた〈とんかつ美（び）とん さくらい〉に到着した。ドアを開けると、おお結構満員。人気だなあ。カウンターに少し空きがあったのでそこにすべり込み、メニューを見せてもらう。ズイブンとメニューが多い。ランチもやっている。よし、やはり友人がごちそうだったと言っていたランチのチキンカツ定食にしよう。７３０円。水を飲みつつしばし待つ。

ポテトサラダもうれしいのだ

カウンターの隣ではビール片手にトンカツの定食を食べている人生の先輩が。実にカッコいいな、私もビール飲みたいが、弱いので中瓶1本でへべれけになってしまうからなとか考えていると、チキンカツ定食登場。ご飯、味噌汁、キャベツはおかわりできるとのことで、実にエライ。ではまず味噌汁。ワカメとネギの具で普通においしい。続けてチキンにいこう。ソースが甘口と辛口の両方があるので、両方ちょっとずつ試してみよう。

まず甘口から。おっと、こりゃソースの前に揚げ方が絶妙！　サクサクサクという感じで、なんとも軽やかな衣だ。淡泊な鶏肉をやさしく衣で包んでいるね。さてソー

スは甘口も良かったが、辛口のほうが私的には良かったので、辛口で食べる方針とする。それにしてもおいしいチキンカツ。確かにごちそうだ。ご飯がどんどん進んでしまうよ。さらにカツにはポテトサラダもついていて、とてもうれしい。とりあえず、ポテトサラダは後で食べることとして、今はカツ食べて米を食べよう！　あっ、ご飯がなくなった。「すみません、半ライスください！」とお店の人に頼んだのであった。（2012年7月22日）

＊追記　2014年7月現在、ランチのチキンカツ定食は750円に。

★とんかつ美(び)とん
さくらい　井土ケ谷店
横浜市南区井土ケ谷下町44
☎045(731)5502
京急線井土ケ谷駅から徒歩7分。不定休。

157 おいしいから食べにくる立ちそば店　川村屋

ある人生の先輩から「桜木町駅の川村屋はうまいよ」と教えてもらった。そういえば、立ちそばの店があったたな。ということで、JR桜木町駅にやってきた。改札を出てすぐ正面にある川村屋に入ることにする。入り口のところでは牛乳なども売っていて、簡単な駅のスタンドになっている。メニューはいろいろあるけど、500円ぽっきりセットでいってみよう。大型かき揚げそばといなりずし2個のセットで、立ちそば界における黄金定食とでも言える組み合わせですね。

ここは食券ではないので、入り口から入ってお姉さんたちに注文を告げる。「ぽっきり、かき揚げ、そばで」と伝えて作ってもらう。かくしてセットが出てきたので、カウンターに移動して食べよう。ちなみにここは立ちそばといいつつ、座っても食べられる。さらにプラスチックの器でなくて陶器なのもうれしいね。まずはおつゆ

作りたて「おいなりさん」も最高です！

を。……うーん、このおつゆはものすごくうまい！　お店でも力を入れているとのことだが、体の中にすうっと浸透していくようなおつゆだ。続けてそばをもしゃもしゃ食べる。このもしゃもしゃ感が立ちそばのいいところだよ。

途中かき揚げをかじる。カリカリいい感じ。玉ネギ、ニンジンなどが入っているな。食べていると次第におつゆにほどけてきて、おつゆにコクが出て違ったおいしさに進化していくのだった。立ちそばはこれもいいね。さらにいなり寿司も。しっとりとやわらかくて、思わず「うまい！」とつぶやいて顔を上げると、なんとカウンターのなかでお姉さんがすし桶から酢飯をとって

1つずつこしらえているじゃないか！　いやあスゴイ実力店の川村屋なのだった。

社長さんにちょっとお話を伺ったが、「この店でそばを食べていて、その姿を会社の部下に見られたとしても、恥ずかしくないような店を目指しています」とのこと。つまり、仕方なく食べているんじゃなく、おいしいから食べにくる店ということです。私も人生の先輩から教わってきたので、まるで社長のお話と示し合わせたみたいで、とても不思議な感じがしたのだった。（2012年8月12日）

＊追記　2014年7月16日にCIAL桜木町が全面オープン。従来の改札口は南改札となり、新たに北改札ができてびっくり。東横線の桜木町駅があったことなど、歴史の彼方となった感すらあるよ。さて、川村屋は元々の南改札を出て野毛の方に出たところに移転。500円ぽっきりセットは「いなりセット」となり510円に。お蕎麦もおいしいけど、一つずつこしらえてくれる稲荷寿司は本当にスゴイよ！

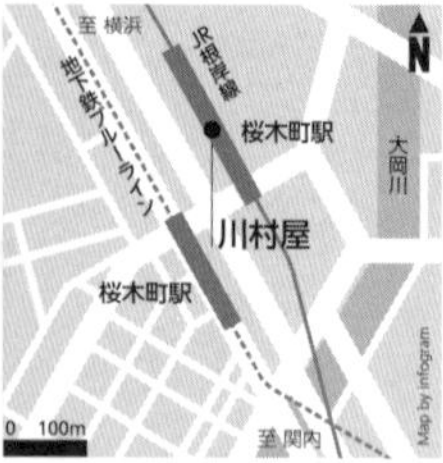

★川村屋
横浜市中区桜木町1－1、
ＪＲ桜木町駅構内
☎045(201)8500
年末年始以外は無休。

158 丸亀劇場「第二幕」

丸亀食堂

２０１２年秋に当連載をまとめた「かながわ定食紀行もう一杯！」を刊行すべく、準備の一環として掲載店に再連絡をしていた。そのなかで第１１２回で紹介した丸亀食堂に電話したら「現在使われておりません」。ショックを受け、本書担当のTさんに相談をすると、彼女も調べるとのこと。かくしてTさん、電話してもダメだったので直接店を訪問してくれた。

表に張り紙でもあるのかと思いきや、なんとドアが開いていて厨房に人がいた！その人はご主人のお兄さん。ご主人が3月に急逝されたためにしばらく店を休んでいたそうだ。しかし兄さんとともに、亡くなったご主人の奥さんやお嬢さんたちの家族経営で再開したとのこと！　さらに、お客さんたちの熱い再開への要望も再開をプッシュしたそうだ。さすが丸亀食堂。急逝されたご主人は本当に残念で仕方

サバ、カッコいいね！

がないけれど、残された食堂を団結して再開しようとするご家族。応援するお客さんたち。素晴らしい。まさに「丸亀劇場」だ！

　ということで、私も丸亀劇場、もとい食堂に行こうと土曜の昼すぎに京急の南太田駅で降りた。通りの向こうを見ると、おお暖簾が出ているじゃないか！　表で見ると若干メニューが変わり、定食メニューができている。店内に入ると土曜なのに混んでいて、やはり地元で愛されているのがよくわかる。アラカルトも良かったが、せっかくなので新しい定食メニューを食べよう。文化干し定食７５０円だな。

　注文して水をくんできて壁際のカウンターに座り、しばし待つ。店内は酒を飲む人、ご飯を食べている人さまざまだ。かくして定食登場。カッコいいサバの文化干し！　味噌汁を飲むとジャガイモと玉ネギと豆腐。玉ネギの甘さが味わい深い。続けてサバ。まず裏返し反対側から攻める。脂がのっていて実においしい。やわらかめのご飯がズイブンすすむなあ。付け合わせの茎ワカメと厚揚げの煮物も定食的完成度をあげている。それにしても客がひっきりなしに入ってきて、どんどん注文がなされている。そしてまた他の人が頼む料理はなぜこんなに心ひかれるのかと思いつつ、味噌汁を飲んだのであった。（2012年8月26日）

＊追記　長く連載しているとこういう展開もあるわけだ。今後も丸亀食堂には頑張っていただきたい。本書担当Tさんの10月の調査によると、日替わり定食は「本日のおすすめのセット（小ライス・味噌汁・お新香・小鉢付）」に。Tさん訪問時は「おさしみセット」780円、「とんかつセット」700円、「サンマ焼きセット」700円の3つ。食べたいメインがおすすめセットにあると、アラカルトで選ぶより50円ほどオトクになる。つまりおススメにないとやや高くなるが、お店に入るなり「タラコ焼いて」とオーダーするガテン系のお兄さんもいたそうだ。Tさんはサバの文化干しを食べたかったそうだが、それはなかった。店の人に「季節や仕入れでいろいろだから、文化干しの代わりなら、今日はアコウダイがいいですよ」とアドバイスされたそうだ。

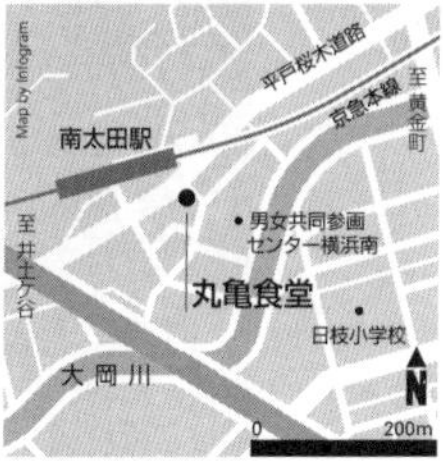

★丸亀食堂
横浜市南区南太田1－8－24
京急線南太田駅前すぐ。営業時間：月～金曜は11～14時と17～20時、土曜は11～14時。日曜・祝日休み。

159 新鮮中おちと充実+大量のおかず軍団

伊勢料理 志摩

平日の13時すぎの横浜駅。今日はこの界隈のサラリーマンにはよく知られている〈志摩〉に行こう。ハマボールの裏の方を歩いて行くと、ビルの地下にサラリーマンが下りて行く。その後ろについて行くと、ありましたよ。志摩。スゴイ数の定食メニューが貼られている！　さらに入り口横には納豆、おしぼり、玉子が置かれていて、皆さんそれを1つずつ手に店に入って行く。「これが店のルールだな」と私も同様にして入店。とても広い店内にお客わんさか！　お好きな席にどうぞと言われたので、中央のテーブルに座る。

何にしようかと思ったが、マグロ中おち定食７００円（新ジャガ煮も付いている）が気になったので注文。注文後店の人から湯飲みをもらい、机の上のポットから熱いお茶をそそいで飲みつつしばし待つ。ちなみに机の上にはソース、醤油、納豆用

もうどうしていいかわからないくらいにおかずだらけ！

のネギの入った器、水のポットなどもあります。

かくして定食登場。むむ、すごい充実ぶり！　あまりの豪華さに動揺して味噌汁を少しズボンにこぼしてしまう。アチチとおしぼりでズボンを拭いていると、店の人がすぐさま「大丈夫ですか？」と湿らせたおしぼりなどを持ってきてくれた。いい店だなあ。幸い被害は少なかったので心を落ち着かせて味噌汁を飲む。ワカメの味噌汁で普通にうまい。

続けてお皿に玉子を割って玉子かけご飯で食べる。困ったなあ、これだけでおいしいよ（笑）。さらにお皿に醤油とワサビを溶いて中おちに着手。それにしてもスゴイ

量の中おち。食べるととても新鮮でサクサクの中おち。玉子かけご飯の醤油は弱めておいたので、一緒に食べる。うまいうまい。続けて「新じゃが煮」。大きなジャガイモとニンジン、豚肉。ジャガイモを割って食べるとあっさり甘めの味付けでホクホク。こりゃいいや。

さらにキャベツの浅漬け、ひじきの煮物、納豆と大量のおかず軍団がいるので、やはりおかわりを食べないとダメだよねえと、もりもりご飯を食べたのであった（おかわりはただです）。（2012年9月9日）

＊追記　2014年7月現在、マグロ中おち定食は770円に。相変わらずランチの大サービスは続いているらしい。

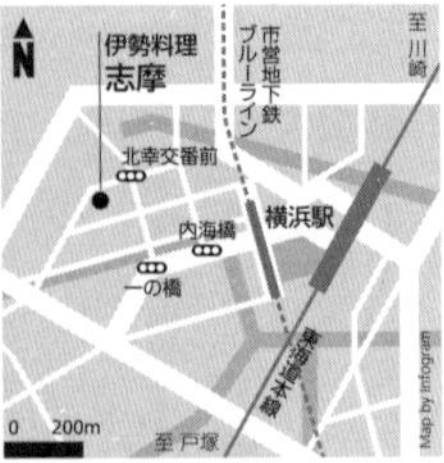

★伊勢料理　志摩
横浜市西区北幸2－9－30、加藤ビル地下1階
☎045(323)5636
横浜駅西口から徒歩8分。
日曜・祝日休み。

160 揚げたて天ぷら6種 小皿も充実

博多天ぷら なぐや 元住吉店

東横線元住吉駅の近くに博多天ぷらの店ができた。博多天ぷらの店は以前神保町にもあったけど、おいしんだよな。ということで食べていこう。店の前でメニューを見ると天ぷら定食690円。よしよしと思いつつ入店。チケットを機械で買ってカウンターのすみっこに座る。チケットを渡し、冷たい水をもらう。続けてカウンターの上にあった3つの容器からひじきの煮物、高菜の油炒め、イカの塩辛を小皿にもらう。このような三品は博多天ぷらの特徴らしく、食べ放題でとてもうれしいですね（店によって三品は微妙に異なる。二品のことも）。なかでもイカの塩辛が大好きなんだよね、私。

これらを食べつつ待っていると、ご飯、味噌汁、天つゆがやってくる。キス、アジ、レンコンが揚がって目の前に出てくる。これが前半。後半がイカ、ピーマン、

天ぷらはもちろん、イカの塩辛もたまらなくおいしいのだ！

カボチャがやってくる。やってきた順番にどんどん食べればいいのだが、私はそろわないと落ち着かないので、全部やってきてから食べることに。

　ということで、全て到着したのでまずは味噌汁から。ワカメと油揚げのオーソドックスな味噌汁。では天ぷらに。まずキスから。軽やかな衣にどっぷりと天つゆを浸して食べる。うまいよ！　続けてアジ。これもよく揚がっている。フライもいいけど、天ぷらもおいしいな、アジは。次はレンコンといきたいが、好物なので後に回してピーマンに。大ぶりなピーマン。食べていると健康に近づく気がする。またカウンターの上にはカレー塩、抹茶塩などもあるので、抹茶塩で食べるとさっぱりとおいしい。そしてカボチャ。ホクホクだ！

うーむ、イカの塩辛があることもあってご飯がどんどん減り、天ぷらも量が多いのでおなかがいっぱいになってくるなあ。さらにイカに着手。やわらかくてステキなイカ！　いいね！　かくして味噌汁も飲み終え、ご飯も食べ終え、小皿も食べ終え、最後にレンコンをシャリシャリとデザートのように食べたのであった。ああ、満足。なお、本厚木にも「なぐや」はあります。（2012年9月23日）

＊追記　2014年7月現在、値段の変更はなし。イカの塩辛なども相変わらず食べ放題。ステキ。

★博多天ぷら　なぐや
元住吉店
川崎市中原区木月2－3－30
☎044(422)7978
東急東横線元住吉駅から徒歩1分。無休。

ちなみに、アメリカのデニーズを日本にもたらしたのはイトーヨーカ堂で、74年にできた1号店は横浜の上大岡のイトーヨーカドーの中だった（写真（上）、２号店は藤沢）。山口県で誕生したサンデーサンの首都圏第1号店も78年オープンの港南台店で（現在はココス＝写真（下））、他のファミレスの横浜出店も早く、横浜はファミレス揺籃（ようらん）の地であったともいえる。そのなかで「ハングリータイガー」は独自に輝く店だった。

その後ファミレスは80年代に黄金期を迎える。70年代にファミレスに興奮した子どもたちは成長し、自分で車を運転してファミレスに行くようになる。そして80年代後半くらいからファミレスは「食べる場所」から「いる場所」に変化した。90年代には不況と「ガスト」など低価格化の流れもあり、「安くいる場所」へと変貌して、70年代の「輝き」は急速に薄れた。

ただし2000年代に入ると、冒頭に記したようにファミレスは焼き肉、回転寿司、イタリア料理など専門料理店化した。1970年代の子どもたちは大人になり、家庭を持ち、週末には親にしてもらったように、子どもと外食に行く。自分たちがかつて感じた「輝き」はないがやはり家族で食事をするのはいいなと思うのだ。この歴史は今後も続くだろう。

column 1　家族の外食とファミリーレストラン小史

現在のわれわれは休日には家族で焼き肉、回転寿司、ファミリーレストランなどに行くが、そんな家族の外食史はさほど古くはない。ここでは外食史とそれにつながるファミリーレストラン史を簡単に述べる。

人々が時折外食するようになったのは明治以降、鉄道や船など交通網が発達してからだ。江戸時代から続く街道沿いの茶屋に加え、鉄道の駅前に食堂ができ、新たな食事場所となった。明治の終わりくらいには都市にできた百貨店（デパート）の食堂が、買い物にきた女性や家族に愛されるようになった。

それまで家庭でのみ食事をしていた女性たちが、買い物「ついで」にデパート食堂に寄ることができるようになった。そこでは子ども用に「お子様ランチ」を用意､「休日は家族でデパートで買い物をして食事」という外食文化が具体化した。デパート食堂は戦後さらに発展するが、高度経済成長期には家族の行動形態が大きく変化した。都市が郊外まで拡大、人々は自動車を持ち行動範囲が広がったのだ。

かくして1970年代以降、彼らは週末に自動車でロイヤルホスト､すかいらーくなどの「ファミリーレストラン」に出かけた。アメリカで隆盛の外食チェーンに影響されたファミレスは、当時はまぶしい存在だった。郊外のロードサイドで、輝きつつ回転するサインボード。にこやかな店員のサービスのもと、食べたことのないハンバーグや洋食を食べることができた。子どもたちは、ディズニーランドなどテーマパークにきたように興奮した。

161

ハングリータイガー　横浜モアーズ店

ジュージュー　バチバチ　あぁたまらない

某医療施設で健康診断が無事終わり、相鉄線で横浜にたどり着いた。前の晩から何も食べていないし、健診が終わった後の解放感もあって、猛烈におなかがすいている。こういうときはガツンと元気系食事だ。あ、ハングリータイガーがいいな。昔は相鉄ジョイナスの地下にあって時折食べに行ったが、いまはモアーズの8階にある。ということでやってきたが満席。平日だけど12時30分だから仕方ないな。店内に横浜のマダムやサラリーマンたちが元気に食事している姿が見えて、同店が強く愛されているのが分かる。整理券を取って待つと10分もしないうちに順番がきて店内へ。おお、シックな内装。これからごちそうを食べる高揚感があるよね。ランチのオリジナルハンバーグのレギュラーセット1200円にしよう（ちょっと高いけど〝断食〟明けのご褒美だ）。パンかライスを選ぶが当然ライスで、飲み物はア

文句なしのごちそうです！　エネルギー充填！

イスコーヒーで注文。

水を飲みつつ待っていると、お姉さんがソースと鉄板の下に敷く木板を持ってきて、ナプキンを広げて待ってほしいと、この店の「儀式」を宣告する。「これだ！」とワクワクしていると、取っ手のついた鉄板に載った湯気の出ているハンバーグとライスが登場。お姉さんは、卓上で最後の調理をするので、ナプキンを胸元まで掲げて待っててほしいとさらにおっしゃる。お姉さんがハンバーグにナイフを入れて2つに切り、ソースをかけると、ジュージュージャージャーものすごい音とハンバーグの焼ける激しい匂い。鉄板の上ではソースがバチバチはねていて、それをナプキンで防御するわけだ。「やはりたまらんな！」と思いつつバチバチが収まるのを待つ。この瞬間が最もうれしいね！　さあ、食べるぞ！

鉄板の上には2つに割られたハンバーグ、ポテト、ミックスベジタブル、インゲン、炒めたオニオンが配されている。最初は当然ハンバーグ。ナイフで切って口に入れる。おいしい肉汁、噛みしめがいのあるミンチ肉、そしてソースのいい塩梅の味加減で、相変わらず気絶しそうにおいしいと思いつつ、米とともに口に運んだのであった。（2012年10月7日）

＊追記　2014年7月現在、ランチのオリジナルハンバーグのレギュラーセットは1230円に。後のページの座談会もお楽しみください。

★ハングリータイガー
横浜モアーズ店
横浜市西区南幸1−3−1、
横浜モアーズ8階
☎045(311)9977
横浜駅西口から徒歩2分。
元日休み。

162 ほんのり温かくさっぱり なんだか元気に

K's キッチン

小田急線で向ケ丘遊園にやってきた。再開発でズイブンと駅前の風景が変わってしまったが、以前のままのところもある。そんな一角に前から入ってみたかった〈K's キッチン〉がある。ここは「おいしいオーラ」が漂っているんだよね。

入り口に「K's キッチン　ランチ575円」が記してあり、今日はチキンカツと豚しゃぶ定食の2種類だ。なんと飲み物までついていてエライ。豚しゃぶを食べようと思い入店。平日の13時すぎだったが、店内はまあまあ混んでいる。お好きにお座りくださいと言われたのでテーブル席に1人で座らせてもらう。飲み物はアイスコーヒーにし、食事と一緒に持ってきてもらうことにした。水を飲みつつしばし待つ。店内には子ども連れの人もいる。壁の貼り紙を見ると、子ども用のメニューもあるとのこと。これはいいなと思っていると、定食登場。

控えめなアイスコーヒーとかふりかけとか、なんだかかわいらしいよね

おお立派だ。まずは味噌汁。お椀の蓋を取って飲む。ワカメと油揚げのシンプルな具でしみじみおいしい。続けてメインに。豚肉と玉ネギを大根おろしであえてポン酢がかかっている。食べるとまだほんのり温かいが、さっぱりしているのでもりもり食べられる。なんだか元気になるなあと思いつつご飯をバクバク食べる。付け合わせとしてキュウリの漬物、切り干し大根、さらにふりかけまでついている。おかかのふりかけだ。ご飯にかけよう。ふりかけご飯で豚しゃぶを食べていると、自宅の昼ご飯のようだ（笑）。

くつろいで食べて完食。続けて食後のアイスコーヒーに。量は控えめだけど、これはあるだけでとてもうれしいと思いつつ、

ミルクとシロップを入れストローで混ぜてゴクリと飲んだのだった。

（2012年10月21日）

＊追記　もともと店のご主人は中華料理のコックだったこともあり、2013年11月よりK'sキッチンチャイナになった！　2014年7月現在、日替わりランチは800円。

★K's キッチン
川崎市多摩区登戸2138
☎044(932)3841
小田急線向ケ丘遊園駅北口から徒歩１分。無休。

163

カレーと蕎麦を往復 青梅もうまい

聖吾そば

本連載が始まって間もない2006年秋、小机駅前の「巴屋（ともえや）」という、定食も出てくる蕎麦屋を紹介したことがあった。今はないのだが、ほぼ同じような場所に立ちそばの店ができている。不思議なものですね。毎日JR横浜線で小机駅を通過しているので、とても気になっていたので食べてみるとなかなかおいしかった。小机駅近隣の人には貴重な食事スポットにもなっているようなので、今回紹介することにします。

土曜の14時くらいに小机駅の改札を日産スタジアムとは反対側に出る。さて、立ちそばの店の名は〈聖吾（せいご）そば〉。定食メニューもあるが、やはり蕎麦とのセットにしよう。温かい蕎麦を食べたかったしね。ということで、ビーフ野菜カレーセット700円にする。立ちそばにしてはやや高いけどおいしいからね。かく

蕎麦もだけど、カレーもとてもおいしかったんだけどね

して入店し、カウンターで店の人に「カレーセット、蕎麦、温かいの」と注文してお金を払う（もり、うどんも可です）。細長い店内で壁際には椅子もある。そこに座り水を飲みつつ待っていると、1人だけいた先客もカレーを食べ終わり出ていった。かくして私の注文ができたようなので、カウンターで受け取り、席に戻ってさあ食べよう。
おお、カレーは楕円の皿に入り、蕎麦には別添えで揚げ玉がついている。蕎麦の中にはネギとこの店特有の青菜が入っている。まずは蕎麦のおつゆから。キック力のある鰹節の香りと強めの醤油味。輪郭がくっきりしたおつゆでおいしい。蕎麦は細麺でシコシコで実にいいですね。青菜も健

康的で実にうれしい。続けてカレーも食べよう。カレーには玉ネギ、ニンジン、牛肉が入り、食べると香辛料が効いていて、なおかつホームメイドな味。福神漬けもついているけれど、机の上には青梅が入っている小さい壺があったのでこれも少しいただくことにしよう。スパイシーかつ心和むカレー、つるつるおいしいお蕎麦の双方を往来しつつ食べ、時折口直しに青梅をいただくと実に素晴らしく完成した食事となった気がしたのであった。（2012年11月4日）

★聖吾（せいご）そば　横浜市港北区
＊追記　2014年7月現在、どうやら閉店した模様。跡地には牛丼の「すき家」ができていた。時代は変わるなあ。

164 刺し身、天ぷら、寿司、うどん、茶碗蒸しも！

秀吉　桜木町店

野毛に〈秀吉〉という店がある。ここに「びっくり膳」という750円のランチがあり、以前食べてとても感動した。久々に食べようかと思い、JR桜木町で降りてテクテクと野毛まで歩いてきて、店の前に立つ。いつもながらの立派な暖簾をくぐる。平日の昼遅めだったので、店内はややすいていた。そんな状況のため、カウンター席もあったけれど、テーブル席に座らせてもらう。

目的のびっくり膳を注文して、出てきたお茶をゆっくりと飲む。おお、湯飲みにも秀吉と記してある。そんなことに気をとられていると膳が登場。相変わらず迫力があるな。何しろ、ご飯とお寿司、双方あるのがスゴイね。まずは汁代わりのうどん。天かす、ワカメ、ネギが入っていて、おつゆも含めてやさしい味。ああ、うどんで身も心も温まるな。続けて、何を食べようかと思ったが、天ぷらにいってみよ

寿司をおかずにご飯を食べるという荒技もできないことはない。…がやらない

う。エビ、カボチャ、ピーマン、ナス。まずピーマンから。よく揚がっていておいしい。続いて刺し身に。マグロ、イワシ、甘エビという豪華さ。まずはイワシから。新鮮でおいしいよ。

とりあえず、この刺し身と天ぷらたちでご飯を食べて、後は寿司に移行。寿司はマグロ、イカ、玉子、イワシ、エビという品ぞろえ。まずはエビの握りを食べる。おいしいね。続けてイカを食べたいが、好物なので後に回してとりあえずはマグロかなと思って食べかけるが、茶碗蒸しが視野に入る。そうだ、これもちょっと食べておこう。スプーンを入れて食べると三つ葉、シイタケ、かまぼこなどが入っているのがわかっ

た。茶碗蒸しは定食などについているとてもうれしくなるオプションだね。それにしてもこの全体の豪華さは相変わらずスゴイ。ちょうど、海外に行ったとき、日本料理店に入った時に出てくる「日本定食」のようだなと思いつつ、再び寿司に戻り、マグロを食べたのであった。（２０１２年11月18日）

＊追記　２０１４年７月現在、「びっくり膳」は７８０円に。ちなみに、「びっくり膳」は月・金・日のみです。

★秀吉　桜木町店
横浜市中区花咲町１－39－７
☎045（253）0510
ＪＲまたは市営地下鉄桜木町駅から徒歩３分。無休。

165 逗子で堪能、安くて旨い 生姜焼き

ヒロ坊

読者から「逗子にいい定食の店があります」とお便りをいただいた。ご親切に地図も送ってくださった。ありがとうございます。これはぜひ行かねばと思い、土曜日の昼に訪れることとした。地図で確認すると、逗子の郵便局のすぐそばだな。あのあたりに定食の店なんてあったかなと思いつつ路地を入って行くと公園があった。その横に住宅を改造したお店が。ここだ、〈ヒロ坊〉。

表に手書きのメニューがあり、今日は3種のメニュー。店に入ると、あたふたしたご主人の姿が。なんでも急に不幸があって、これから店を閉じようとしていたところとのこと。ありゃりゃと思ったが、「簡単なものならいいですよ」とおっしゃっていただいたので、生姜焼き定食をいただくことにする。550円。安いなあ。ペットボトルに入ったセルフのお茶を出してくれて、それを飲みつつ待つ。テレビでは

肉の後ろに焼きそばがごっそり！

ドラマ「相棒」をやっている。また壁にはロコモコ丼550円などと貼ってあり、それも気になるなと思っていると、厨房でジュージューとおいしそうな音がして、それが終わったところで定食登場。

おおこれは素晴らしい。キュウリの浅漬けのほか、ホウレン草のゴマ和えもついているよ。まずは味噌汁。ワカメのシンプルな味噌汁だが、しみじみおいしい。続けてショウガ焼き。大きな豚肉3枚、その横にパセリ、レタス、トマト、レモン、そして焼きそばがごっそりと載っている。ボリュームもスゴイ。では肉を。ほどよいショウガの風味としっかりとした味付け。肉の旨さをとても引き出しているなあ。とても

やわらかいし、脂っこくないよ。「肉の脂だけで、油をひかないんですよ」とご主人。これはもうご飯がどんどん進んでしまう。キュウリの浅漬けも自家製でいい漬かり具合。ホウレン草もおいしい。そして何よりも窓から、公園の遊具などが借景として見えるのもいい。なんだか、逗子の親戚の家に来て、お昼をごちそうになっているような心境だなと思いつつ、付け合わせの焼きそばをもぐもぐと食べたのであった。（2012年12月2日）

＊追記　2014年7月現在、定食は550円から600円になっている。それでもステキな値段だ。

★ヒロ坊
逗子市逗子５－５－23
☎090(7417)7758
京急線新逗子駅南口から徒歩１分。木曜休み。

166 骨付きでカッコいい 若鳥フライ

勝烈庵 鎌倉店

鎌倉にやってきた。ここはヨコハマの名店がいくつも展開している。勝烈庵もその1つ。JRの駅を西口で降りると（江ノ電のほうですね）わりとすぐのところにある。今日はなんともカツ、それもチキンカツが食べたいのでここで食べていこう。鎌倉限定のメニューもあるけど今日はチキンだ！　言うまでもなく勝烈庵は老舗で、格安定食というわけにはいかないが、たまの贅沢だからいいだろう。

平日の11時30分に入店すると、すでに客席の半分くらいは客が入っている。やはり人気だなあ。とりあえず2人掛けの席に座り、チキンカツ、もといこの店では若鳥フライ定食1260円を注文。出てきた温かいお茶を飲みつつ待つ。店の中の案内を見ると、カキフライという選択肢があった！　それもよかったなあと思っていると、若鳥フライ、ご飯、大根の漬物、味噌汁登場。とてもカッコいい若鳥フライ

この「骨付き」がポイントなのだ！

だ。骨がついているのが懐かしい感じだ。そういえば、最近のチキンカツで骨付きなんてあまり見ないね。

ではまず味噌汁を。シジミで上品な味だ。気持ちが落ち着いたところで、若鳥とキャベツにソースをかけ、からしをお皿の横に盛って準備はＯＫ。ソースは結構ゲル状（粘度高い）だなあ。若鳥カツの右のはしっこから食べる。…なんという軽やかさ！　まさに若鳥が空に飛んでいこうとするようだ。軽やかな衣と淡泊な鳥肉の組み合わせの妙味が素晴らしい。ややややわらかめに炊き上げたご飯がどんどん進むなあ。さらに合間に食べるキャベツがサクサクしていて、すてきな口直しになり、もっとご飯食べようという流れになる。

これはたまらんので、ご飯とキャベツを一度ずつおかわりする。ご飯とキャベツはおかわりできます。2杯目のご飯やキャベツなどをあらかた食べ終えると、若鳥フライの左側の骨付きのところが最後に残る。もちろん、これが今回の定食のとっておきであって、この骨の部分を手でもって「あんぐ」と食べたのであった。

（2012年12月16日）

＊追記　2014年7月現在、若鳥フライ定食は1296円に。勝烈庵はごちそうですね。馬車道総本店も好きです。

★勝烈庵　鎌倉店
鎌倉市御成町12−10、ニュービル1階
☎0467(23)2772
鎌倉駅西口から徒歩1分。無休（元日と施設点検日除く）。

167 申し分のない「普通さ」がうれしいセット　玉佳

以前紹介した辻堂のタマヨシの仲間の店が小田急線の善行駅の近くにあるという。藤沢本町駅あたりに用事があったので訪れることにした。電車だと一駅なので歩いたが、みその台を越えてひたすら歩くと結構時間がかかった。ようやく善行の駅までたどり着き、藤沢善行郵便局の前にあるのが〈玉佳〉ことタマヨシ。風格のある店構えだ。

歩いたのでおなかもすいた。「よし」と引き戸を引いて店に入ると、結構混んでいる。昼時のせいもあるだろうが、近所に勤めている雰囲気の人たちが多く、地元で愛されているのがよくわかる。メニューを見ると中華だけでなく、洋食、定食などもとても充実している。でも、なんだかものすごくラーメンとチャーハンが食べたいので「ラーメンセット半チャーハン」にしよう。750円。時折、この組み合

男は大好きなラーメンチャーハン。女子はどうかな？

わせが無性に食べたくなるね。

　注文して出てきた水を飲みつつしばし待つ。と、セット登場。実に美しいラーメンとチャーハン。器の「タマヨシ」の文字がカッコいいですね。まずはラーメンの麺をぐるぐるとかき回す。具はなると、チャーシュー、メンマ、海苔、ネギと直球。まずはスープから。甘めで上品なおいしさ。いいね。体にしみこんでいくようだ。麺を食べると太さもちょうどよく、まさに「普通の」ラーメン。メンマも丁寧な味付けで申し分がない。いや、こういうラーメンは本当にうれしいよ。

　続けて半チャーハン。具はなると、ネギ、チャーシューの刻んだもの。そしてグリー

ンピースが載っかっている。食べると優しい味でホクホクしている。グリーンピースのプチプチもうれしい。チャーハンもラーメンも「普通」においしいので、2つ一緒に食べると、「ものすごく普通においしく」なっているよ。満足して食べ終える。

お店の方に伺うと、こちらの善行の玉佳は2012年で43年目だそうだ（取材時は2012年でした）。つまりこの街では老舗なのだ。ぜひとも今後も「普通においしい料理」を出し続けてほしいと思いつつ、店を後にしたのだった。（2013年1月6日）

＊追記　2014年7月現在、お値段そのまま。普通は藤沢本町から歩きません。善行駅から歩いて3分ですので、そちらからどうぞ。本当に風格のある店です。

★玉佳（たまよし）
藤沢市善行2－7－6
☎0466(81)5286
小田急線善行駅から徒歩3分。日曜・祝日休み。

168 とんかつ美とん さくらい 上大岡店
タルタルをたっぷり載せて カキフライ

冬だ。寒い。こうなるとやはりカキフライを猛烈に食べたくなりますわね。この連載でもわりと冬にはカキフライを食べている。さて、たまたま上大岡にいたので〈とんかつ美（び）とんさくらい〉に行こう。以前紹介した井土ケ谷店の仲間ですね。店はウィング上大岡の地下1階にある。13時すぎに訪れたが、まだまだもりもり客がいたので、びっくりする。人気だなあ。店の表でメニューを確認すると、やはりありました。釜焼きカキフライ定食１１４０円。カキフライは季節ものなので高くても食べたくなるのですね。なお、この店では10月〜3月だけしか食べられない。ということで入店。

カウンターの隅っこが空いていたのでそこに座り、注文。出てきた冷たいお茶を飲みつつしばし待つ。ちなみに、このさくらいでは揚げた後に、釜で高温で焼くと

運用計画が必要なのがカキフライ定食

いう調理方法をとるので「釜焼き」と名づけられているとのこと。ヒレカツなども食べてみたいものだと思ってメニューを眺めていると、カキフライ、ライス、味噌汁、お新香（たくあん2切れ）が到着。大きなお皿にカキフライが5個、タルタルソース、そしてキャベツたち生野菜が載っている。

　ではまず味噌汁から。ワカメとネギのオーソドックスな具でおいしい。この味噌汁で心を落ち着かせて、いざカキフライに、突入。最初はタルタルでいってみようかな。この店のタルタルは玉子がたっぷりと入っている。フライの上に載っけて食べる。おお、サクサクサクリ、中からやわらかいカキジュワ～の最高のパターンのカキフラ

イ！　うまい！　ご飯をパクパク食べてしまう。ご飯のおかわりができるので、この5個のカキフライをどう運用してご飯を食べていくか、しっかりと計画を立てねばならないな。

まず2個目はソースで食べて、ご飯1杯目を食べ、残り3個のうち2個でもう1杯を食べ、最後の1個はじっくりそれだけで味わうことにしよう。うむ緻密な計画だ！　かくして計画は見事に実行され、大満足で完食したのであった。なお、キャベツ、味噌汁もおかわりができます。（2013年1月20日）

＊追記　釜焼きカキフライ定食は10月以降、メニューに登場するため2014年7月時点では値段は未定。ただし、メニューとしては存在しますとのこと。

★とんかつ美とん
さくらい　上大岡店
横浜市港南区上大岡西1－6－1、ウィング上大岡地下1階
☎045(844)9090
京急線・横浜市営地下鉄上大岡駅すぐ。不定休（ビルの休館日に準じる）。

169

炊きたての豪華釜めし おこげに感激

お好み焼き 釜めし 忍

武蔵小杉駅の近くに老舗の釜めしとお好み焼きの店〈忍（しのぶ）〉がある。ここにランチがあると最近気がついたので、訪れてみる。平日の13時前に店に入ると、男性客が数人。鉄板のあるテーブルと小上がりのある典型的なお好み焼き屋的店内だ。ランチの定食は4種類（火〜金曜の11時30分〜14時）。その中に釜めし定食が740円であったのでそれにしよう。テーブル席に座って、お茶とおしぼりをもってきてくれたお兄さんに注文すると「時間がちょっとかかりますよ」と言われる。「20分くらいでしょ？」と尋ねるとうなずいたので、まあそのくらいならいいやと思って注文決定。釜めしは時間がある程度はかかるよね。他のランチではイカ生姜焼定食740円も気になるなあ。

お茶を飲みつつしばし待っていると、ゴトゴトという東横線の電車音が聞こえて

お茶碗に「釜めし 忍」とあるのがステキ

きてなんともいい感じ。四国の実家にいたころ、時折松山に家族で出かけると、必ず釜めしの店に連れて行ってくれたことを思い出すなあ。釜めしは外で食べるととてもおいしいからなあ。そんなことをぼんやりと考えていると時間が過ぎたようで、釜めしが登場！　味噌汁、白菜のお漬物、そしてうれしいことにきんぴらごぼうもついている。お茶碗が最初は伏せられているのがいいね。

それでは釜を開ける。おお、これは素晴らしい！　エビ、鳥肉、なると、ニンジン、シメジが鎮座していて、とても豪華な感じ。早速、しゃもじでよくかき回してせっせとお茶碗によそう。すぐ食べたくなるが、まずは味噌汁を。豆腐とネギのシンプルな味噌汁でほのぼのおいしい。

　では釜めしにチャレンジ。あちち。炊きたてでお米がたっている状態。ああおいしい！　鳥肉などはしっかりと味がついている。そして釜めしで何よりもうれしいのは、やはりおこげだ！　釜のふちのところでカリカリになったご飯はたまりません。釜めしはお釜が小さいので、おこげがいっぱい食べられるのがいいところだよなあと思いつつ、フガフガ食べたのであった。（２０１３年２月３日）

＊追記　２０１４年７月現在、釜めし定食も含めて、７７０円に。この「忍」のそばに「おかしのまちおか」があるので、私にとってはよく通るルートです。まあ、どうだっていい話ですがね。

★お好み焼き 釜めし 忍
川崎市中原区小杉町３－486
☎044(722)2606
武蔵小杉駅南口すぐ。月曜休み（祝日の場合は翌日）。

170 コーヒーをひきたてる喫茶店のカレー

ぱあら～泉 南太田本店

横浜市南区の知人たちと話していると、どうも彼らは「喫茶店愛」が強い。それもチェーン店ではなくて地元の喫茶店でコーヒーを飲んだり食事をしたりする率が高いようなのだ。それならば、私もそのパターンをやってみようかなと思って、京急線南太田駅前の有名店〈ぱあら～泉〉を訪れる。ここは道路の反対側の丸亀食堂のご親族がやっている店ですね。本来ならば、泉の名物スパゲティ「ポラタ（ナポリタン）」を食べたいところだが、やはりご飯系メニューを食べることとしよう。

かくして土曜の14時前に同店を訪れる。ランチタイム（11～14時）なのでセットが安いな。入店して、入り口のところのいつも座る席が空いていたので着席。ここが私にとって定番の席なのだ。よしカレー、カレーセットにしよう。８５０円。実は、喫茶店の食事メニューは定食屋と違う視点に立たねばならない。モーニングサー

喫茶店では、コーヒーにカレーとサラダがついているのだ！
カレーにコーヒーがついているのではないのよ

ビスと同様、ランチもまた「食事はコーヒーについているサービス」と考えるべきなのだ。そうとらえると、この値段はとっても納得がいくものなのですね。

さて、おしぼりと水を持ってきてくれた店の人に注文する。飲み物はホットコーヒーで食事とともに持ってきてもらう。それにしても相変わらず人気で混んでいるなあ。お客の皆さんの話し声を聞きつつ、入り口の窓の向こうに見える南太田の駅前をぼんやりと見ていると、ホットコーヒー、サラダ、カレーが到着。これはなんとも絵に描いたような喫茶店のカレーだ。スプーンとフォークを紙ナプキンで包んでいたり、サラダのキュウリには包丁で飾りを入

れていたりと、一つ一つの丁寧さがなんともうれしいですね。そしてカレーに添えられた赤い福神漬けがとてもきれいだ。

早速、ナプキンをほどいてスプーンを手に取り、カレーを食べる。これはなかなか辛めのカレーライス。おいしい。辛いカレーは食べ終えた後にコーヒーを飲むととてもおいしいんだよなあと思いつつ、スプーンを動かしたのであった。（2013年2月17日）

＊追記　2014年7月現在、カレーセットは880円に。

★ぱあら〜泉　南太田本店
横浜市南区南太田1−27−10
☎045（713）7722
京急線南太田駅すぐ。不定休。

171 好物ぞろいの刺し身に「技」ありご飯
はしごや

　ＪＲで用事先の恵比寿からはるばる戸塚駅にやってきた。はるばると言っても、湘南新宿ライン直通だったので40分かからないくらいなんですけどね。さて、今日は刺し身が食べたいなあ。電車のなかでどんどん「刺し身モード」になったのだ。こういうときは東口の方が選択肢が多いはずだ。そう思い、駅近くのラピス3というビルに入る。おお、やはりこのビルのなかでも店を選択することができるようだなあ。〈はしごや〉という店がステキな雰囲気なのでここにしよう。平日の13時すぎ、昼のピークの時間帯は終わっているので、静かな感じ。引き戸をあけて店に入ると、先客が1人だけいる程度。落ち着いた店内の雰囲気だ。

　真ん中のテーブルに座り、お刺し身定食700円を注文する。出てきた温かいお茶を飲みつつしばし待つ。店内に流れるラジオをぼんやりと聴いているとわりと素

洗練された刺身定食でした。どれも丁寧な仕事

早く定食登場。うん、いいじゃないか。冷ややっこなどの副菜もあるのがエライな。漬物も大根とキュウリと2種類あるのもいい。ではまず味噌汁から。味噌汁のお椀がやや浅めでスーッと飲めるな。ナメコとワカメが入ったやや濃いめの味噌汁。これはおいしい。

それでは、醤油を小皿に入れて、刺し身に着手しよう。マグロ、タコ、ホタテと私の好きなものばかり。まずはマグロ。うまい！　サクサクしたマグロのさわやかさでご飯が進むなあ。タコは大好物なので、後で食べるとして、ホタテにいってみよう。これはトロリとしたよいホタテ。それにしても、ご飯がやや硬めに炊かれていて、風

味があってなんともおいしい。冷ややっこもおかずとして食べよう。ああ、さっぱりとしたいい昼ごはんだ。

かくして大体食べ終えた後に、タコを食べる。タコの吸盤のコリコリしたところがとても好きなんだよねと思いつつ完食。満足感にひたりつつ会計をする。その際にご主人に伺ったら、ご飯にはこつぶ麦を入れて、少し昆布だしも入れているそうだ。なるほど、そういう「技」が定食をおいしくしているのだなあと感心したのだった（ランチはなくなり次第終了、平日のみ）。（2013年3月3日）

＊追記　2014年7月現在、お刺し身定食は800円に。「せっかく書いてもらったので、評判を落とすといけないので、がんばります」とご主人。本当に誠実でいい人です。

★はしごや
横浜市戸塚区戸塚町13、「ラピス3」2階
☎045(864)1192
戸塚駅東口すぐ。日曜・祝日休み。

172 おかず力抜群 喫茶店の焼き肉ライス

ぱあら〜泉 六ッ川店

南太田の「丸亀食堂」「ぱあら〜泉」は親族同士だと以前記したが、今回もその親族シリーズ。弘明寺にある「ぱあら〜泉」にやってきた。弘明寺は観音様のおかげか、駅を降りてすたすた歩いているだけで気持ちがゆったりしてくるいい街だよね。いいお店も多いです。

さて、「ぱあら〜泉」の店内に入ると、午後の時間だったが、結構満員だ。店内は直球のクラシックな雰囲気の喫茶店。入り口横の日当たりのよい席が空いていたので座らせてもらう。メニューを見て食べたくなったのは「焼き肉スパゲティ」か「焼き肉ライス」。ちなみにこの料理と飲み物の９５０円のセットは14時から21時まで。ランチタイムが11〜14時なので、それに間に合わなかったお客さん用にもなっていて、このあたりの配慮がエライですね。スパゲティも食べてみたかったが、今

喫茶店では、コーヒーに焼き肉ライスがついているのだ！
（ちょっとしつこいね。すみません）

回はライスで注文。飲み物はホットコーヒーにして同時に持ってきてもらう。

注文後、何もせずただぼんやりとする。このぼんやりがいいんだよ、喫茶店は。……と思っていると、コーヒー（とてもいい香り）、ライス、焼き肉の載ったお皿が登場。これはなんとも迫力満点だ。大きなお皿には肉、野菜炒め（モヤシ、キャベツなど）、生野菜（キャベツ、レタス、キュウリ、トマトなど）、ポテトサラダが載っている。

少し水を飲んで焼き肉から食べよう。これは牛肉で、甘辛いタレが猛烈においしい。上に青のりがかかっているのがなんとも愛らしくていい。それにしてもおかず力が高くてご飯がどんどん食べられるなあ。ご飯

にはキュウリの漬物も添えられていてサービス満点。

それにしてもこの焼き肉ライスって、ものすごく喫茶店の食事らしいメニューで実にいいなあ。自宅のそばにこの店があったら、休日の昼すぎにぼんやりと食べに行きたいメニューだなと思いつつ、付け合わせのトマトを齧った。それにしても、焼き肉スパゲティもとても気になる。ぜひ今度食べにくることとしよう。（2013年3月17日）

＊追記　2014年7月現在、焼肉ライスのセットは980円に。この六ッ川店のあたりは、歩いているだけで気持ちがのんびりします。

★ぱあら～泉　六ツ川店
横浜市南区六ツ川１－39
☎045(715)2319
京急線弘明寺駅から徒歩１分。元日のみ休み。

173 ラーメン店でお風呂屋気分 スープが絶品 湯や軒

武蔵新城に面白いラーメン屋があると聞いた。何でもお風呂屋のような店だそうだ。へえと思って、ある天気の良い土曜日に訪れることにした。武蔵小杉駅で東急東横線からＪＲ南武線に乗り換えて２駅目。初めて降りる駅だ。初めての街って、ドキドキしていいなあ。さて、南口に出て3分ほど歩くと、その店、〈湯や軒〉はあった。ちょうど昼時に訪れたので、ごはん（小ライス）がサービスのようだ。よしよしと思って入店する。おお、満員！　家族連れから若者、ご老人までさまざまな層に人気だなあ。

とりあえずカウンターのすみっこが空いていたので座る。何にしようかと思ったが、「醤油らーめん」のなかでも豚骨スープが3割入っているという「三豚らーめん」にしよう。６５０円。細麺か平打ち麺かを選ぶことができるので、細麺にする。サー

定食にこだわる立場としては、漬物がついているのがとてもうれしい！

ビスの小ライスもつけてもらう（土日以外はライスか杏仁豆腐かが選べるそうだ）。出てきたお水を飲みつつ待っていると、なんとカウンターのところにお風呂の赤と青の蛇口があり、調味料が黄色い風呂おけのなかに入っているよ。こりゃ楽しいな～。

…そんなことを思っていると、お漬物、ライス、ラーメンの順番で登場。お漬物がつくのがエライなあ。ラーメンはちょっと濃い色のスープにチャーシュー2枚、メンマ、ネギ、なると、そして海苔が入っている。まずはよくかき回してスープからいただく。…豚骨と魚粉のような魚系のダシがうまく混じり合ったおいしさ。とても複雑なおいしさで、これはレベルが高い。うま

い！　ずっとこのままスープを飲んでいたくなるけれど、麺も食べようと口に入れるといい茹で加減でスルスル食べてしまう。

続けてご飯にいってみよう。スープのなかでへたりかけている海苔で、ご飯を巻いて食べるとスープの味がご飯にしみて、おにぎりのようになって実においしい。いや、それ以前にこのご飯がとてもおいしい。定食好きとしては、米がおいしいこともとてもうれしいのだと思いつつ、漬物のつぼ漬けをポリポリ食べたのであった。（2013年3月31日）

＊追記　2014年7月現在、三豚らーめんは680円に。本文にあるサービスのシステムは変わりません。

★湯や軒
川崎市中原区新城５－10－11 アルコーブ１階
☎044(797)6368
ＪＲ南武線武蔵新城駅南口から徒歩３分。木曜休み。

174 分厚い豚肉にかぶりつく 幸せの丼セット

鎌倉 里のうどん

鎌倉の小町通りをテクテク歩いていると、緑の深い八幡宮の横のところに出る。このまま歩くと、北鎌倉に着くのでそうしよう。天気もいいしね。それにしてもおなかがすいた。…と思っていると、道端に〈里のうどん〉という店が見えてきた。タイミング的になんだか、童話みたいな展開だよ（笑）。へえと思って店の外の表示などを見ると、「バラ丼」などが得意なようだ。バラ丼とは、なんでも豚ばら肉を甘辛タレに絡めてキャベツとともに丼にもりつけたものらしい。これとうどんのセットがあるようだ。よし、ここで食べようと入店。

平日の15時という時間のせいか、店内はゆるい雰囲気。中途半端な時間だけど客が結構いる。お店のお兄さんがどこにでもお座りくださいというので、窓際の小上がりに座る。丸いちゃぶ台でなかなかいいね。いろいろメニューは気になるけど、

うどんのダシが実によかった

やはりバラ丼セット、いや量が少し気になるので半バラ丼セット850円にしよう。これはうどんがついていて、半たぬきうどんか、半きつねうどんが選べるので半きつねうどんにする。

お兄さんに注文して、ポットごと出てきた温かいお茶を飲みつつ待つ。ちょっと暖かいので水ももらう。もう上着もいらないくらいだなと思っていると、半きつねうどん、そして半バラ丼登場。これはなんとも両方ともおいしそうだ。まずはきつねうどんから。お揚げとネギ、そしてかまぼこが入っている。まずはおつゆ。薄味だけどしっかりダシの効いたおつゆ。おいしい！　続けて麺を食べると、ほどほどのコシと小麦粉のおいしさがつたわる麺。いいね。

ではバラ丼を。半バラということだが、これでも十分な量ですね。まず肉を齧ると、分厚い豚肉に甘辛いタレとごまの香ばしさで素晴らしくおいしい！　キャベツもたっぷりでサクサク感があり、これがご飯を食べ進める装置となっているなあ。途中で丼にマヨネーズをかけるとこれもよかった。つぼ漬けが添えられているのもうれしいなあと思った鎌倉の昼下がりであった。（2013年4月14日）

＊追記　2014年7月現在、半バラ丼セットは880円に。

★鎌倉　里のうどん
鎌倉市雪ノ下2－5－18
☎0467(24)7631
鎌倉駅東口から徒歩15分。
無休。

175 中華街近くの蕎麦屋で堪能 カツ丼セット

和楽

平日の14時くらいに中華街のそばをふらふらと歩いていた。中華街でランチでも食べようか、でも今日はさっぱりとしたものが食べたいなと思っていると、蕎麦屋がある。ああ、ここちょっと入ってみたかったんだよな。表で確認すると丼と蕎麦のセットメニューが結構充実している。よし入ろう。店内は細長いが、奥が明るい感じ。テーブル席に座る。さて何にしようか。さっぱりと玉子丼のセット（650円）にしようかと思ったが、メニューを凝視しているとなぜかムラムラとカツ丼が食べたくなった。さっぱりとしたものが食べたかったさきほどの思いは一体どこに行ったのだろうか？　まあいいや気分が変わったんだしと思い、カツ丼セットにする。蕎麦は冷たいものも選べたのでそちらにしよう。８８０円。

注文して、出てきたお茶を飲みつつしばし待つ。店内には昼にごはんを食べそび

普通に入るのにもすごくいい店。自分の住まいの近所にあれば頻々と通うな

れたサラリーマンが結構いるな。そんな様子をうかがっていると、まずは蕎麦サラダ、そしてセットが登場。いいねえ。立派なカツ丼、味噌汁、漬物（しば漬け、ニンジン、大根）、蕎麦、つゆなどのセットだ。

まずは味噌汁を。三つ葉の茎と豆腐が入っていて、なかなか味わい深い。続けてカツ丼に。これはカッコいい。玉子がカツを覆いきらずにかかっているのがいい。食べると結構濃厚。肉厚なカツもたいへんよろしい。途中蕎麦にいこうかなとも思ったが、カツ丼を食べていると勢いがついてしまったのでこのまま食べてしまおう。でも途中蕎麦サラダも食べよう。これはすっぱくて食欲があらためてわくなあ。漬物も3

種類あってうれしいなと思いつつカツ丼を食べ終わる。

それでは蕎麦に。細麺でコシがあるこれまたナイスなお蕎麦。麺つゆの加減もよく、ツルツル食べちゃうね。かくして食べ終えてそば湯をおつゆに入れていただく。本来ならばこれで最後なのだが、なんとこの店、13時から15時はコーヒーか紅茶のサービスがあるのだ（土曜日のサービスは11～15時）。私はコーヒーをもらって食後のくつろぎをも堪能したのであった。（２０１３年４月28日）

＊追記　２０１４年７月現在、玉子丼のセットは６８０円、カツ丼セットは９００円に。取材後、帰宅して『ヨコハマ中華街　百味百店』（神奈川新聞社刊・名作！）を見ていたら、同店が出ていた！　かつては和楽園という名前で、和風の木造二階建てだった。本書によると、同店の初代も二代目も昭和21年春までは中華料理のコックだったが、「ここは中華街から外れているので、中華料理ではとても他店にかなわない」ということで、日本そばを中心にすることにしたそうだ。

★和楽
横浜市中区山下町155
☎045(681)7266
みなとみらい線日本大通り駅徒歩５分、ＪＲ石川町駅から徒歩８分。日曜休み。

176

美しき切り口 衣はサクリ チキンかつ

とんかつ かつき

カツを食べたいと思いつつ、昼すぎに菊名でJR横浜線から東急東横線に乗り換える。そうだ、ここで〈かつき〉に行こう。ここはかつては精肉店だったそうで、地元の人に聞くとコロッケがとてもおいしかったそうだ。今もまたとてもおいしいカツの店で、私は時折訪れているのだ。昼にはサービスランチもあるのでうれしい。改札を出てほんの少し歩くと店に到着。店の前に立つと今日のランチは「ひれかつ」950円と「チキンかつ」850円と記されている。この店はご飯、キャベツはおかわりができて、なおかつ食後にコーヒーもついているのだ。

そうだな、今日はチキンにしようと思って入店する。やはりかなり混んでいるが、カウンターに空いている席があったので座って注文。出てきたお茶を飲みつつしばし待つ。店内は買い物帰りの熟年夫婦やサラリーマン、OLなどさまざま。乗換駅

うっとりするほど美しいチキンカツ。当然おいしい

であると同時に住宅地を控える駅でもあるからね、菊名は。そのせいでか、いろんなタイプの客がいるなあと思っていると、私のチキンかつ定食登場。これはステキなチキンかつ定食。ささ身なんだね。切り口の美しさに見とれてしまう。漬物もキュウリと大根とニンジンと3種類あるのもうれしい。

まず最初は味噌汁から。三つ葉、オクラ、そしてとろろ昆布が入っていて、高いオリジナリティーが感じられる。とろろ昆布のとろろ機能が、なかに温かい味噌汁を含んで口の中まで運ぶのだった。うまいよ。

ではカツにソースをかける。カツのソースは甘口と辛口があるのでまずは甘口か

ら。辛子も少しもらって食べる。おお、衣はサクリととても軽やか。さわやかなささ身だけど、量も多くてかなりボリュームはある。さらにソースの力でおかず力も爆発している。ご飯もまたとてもおいしいが、やはりカツが多いので、ご飯のおかわりをしてしまうと相当満腹になってしまい、この後眠さが倍増するが、困ったものだなと思いつつご飯をガガガと食べたのだった（結局ご飯はおかわりしましたよ）。（2013年5月12日）

＊追記　2014年7月現在、平日ランチの「ひれかつ」は1000円、「チキンかつ」は900円に。

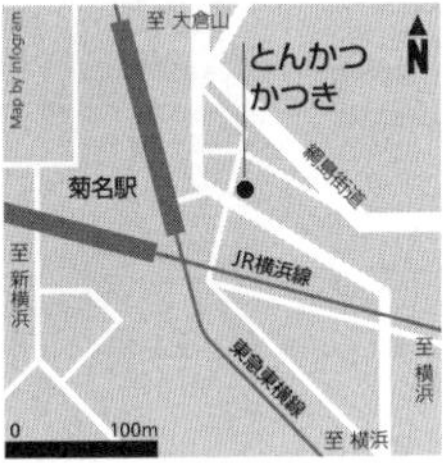

★とんかつ かつき
横浜市港北区菊名4－3－22
☎045(401)9978
東急東横線・JR横浜線菊名駅からすぐ。日曜休み。

177

チャーハンと一緒でご機嫌 ごまの香スープ

風見鶏

茅ケ崎で用事が終わった。今日こそはずっと入ってみたかった〈風見鶏〉に行こう。ここはなかなかチャンスがなかったんだよね。今回はたまたま知人と一緒。店を訪れると、ちゃんと営業中だった！　よかった。ここは店名の示すとおり、建物の上に風見鶏があるカワイイ建物なのだ。ちょうど訪れたのが13時前だったのでランチをやっていた。Aが「らうめん&半チャーハン」で700円、Bが「ごま味噌らうめん&半チャーハン」で820円、Cが「らうめんと半五目かけご飯」で750円。ここは迷うところだが、Bのごま味噌らうめんに心ひかれたのでそうしよう。知人と一緒に入店したので、テーブル席に案内される。すぐに水が出てきたので注文。知人はらうめんを食べるそうだ。

かくして水を飲みつつ待つ。それにしても混んでいるな。地元の人に深く愛され

この店は不思議な力がある。特にこのごま味噌らうめんは
写真を見ているだけで猛烈に食べたくなってくるなあ

ている店なのだろうと思いつつ、知人と雑談していると知人のらうめん、私のチャーハン、そして私の麺などがやってくる。これはよさそうだ。まずお箸とレンゲで、ごま味噌らうめんをぐるぐるとかき回す。タンタンメンに近いのか、ネギ、ひき肉、メンマが入っている。まずスープを飲むと、ごまの豊かな香りと、ちょっと辛めだけどまろやかなスープ。これはもう激しくおいしいですね。麺を食べると、もちもちしていていいね。

続けてチャーハンを食べよう。ツヤツヤとしたチャーハン。玉子、チャーシュー、グリーンピース、ネギ、ニンジンがたっぷりと入っている。食べると、炒めたてのお

米が1つ1つプチプチしていて、とても香ばしい。うまいなあ。まろやかなごま味噌らうめんのスープとともに食べるとさらに絶品なのだった。また口休めの小鉢が春雨の酢の物で、これはとてもさっぱりしていいですね。…このように1人で「おいしい、おいしい」と食べていると知人も「このらうめんも懐かしい感じでとてもうまいですよ」とニコリ。よし、今度は普通のらうめんも食べてみようと思いつつ、ごま味噌らうめんのひき肉をすくって食べたのであった。（2012年5月26日）

＊追記　2014年7月現在、A「らうめん&半チャーハン」は800円、B「ごま味噌らうめん&半チャーハン」は880円、Cは日替わりになって、値段も大体830円から880円の間とのこと。

★風見鶏
茅ケ崎市新栄町10－13
☎0467(87)5245
JR茅ケ崎駅から徒歩３分。
火曜休み（第３火曜のみ翌日の水曜と連休に）。

178 喫茶店の美学 ワンプレートの 生姜焼き エバーグリーンカフェ

久々に橋本駅にやってきた。この駅の周りも来るたびに変わっていくなあ。特に南口には大きなショッピングセンターもでき、人の流れが変化しているよね。せっかく来たので北口の〈エバーグリーンカフェ〉に寄っていこう。ここは老舗の喫茶店だが(以前の店名は純喫茶ヤマ)、今的にオープンカフェになっているのだ。ミウィ橋本という駅前ビルの1階にある。祝日の11時くらいに訪れたので、店内にはまだ半分くらいのお客さん。入り口近くのテーブルに座る。

この店でご飯ものは「なすと地鶏のカレー」８５０円か「豚の生姜焼き」８５０円となる。今日は生姜焼きだろう。飲み物とセットで９５０円にしよう。ここは前金なのでカウンターでお姉さんにお金を払う。暖かいので飲み物はアイスコーヒーにして、料理と同時に持ってきてくれるようにお願いする。かくして水を飲みつつ

ライスがポーションされているのが素敵だね

しばし待つ。若い人が店内に多いな。橋本は大学がいくつもあるし、若い世帯も多いからなあ。…と考えていると、アイスコーヒー、そしてプレート登場。なんとも喫茶店の食事的な雰囲気。プレートの上に生姜焼き、キャベツ、キュウリ、プチトマト、そしてポーションされたライスが美しく載っている。

まずは生姜焼きから。玉ネギも入っている。食べるとショウガが効いていて、肉も噛みしめるほど濃い味が出てくるおいしさ。こりゃスゴイ。すかさずご飯を食べてしまう。やや硬めに炊き上げたご飯がまた相性がいいな。サラダの野菜もおいしく、あっという間に食べてしまう。いやあ、この店の誠実さがわかるおいしさだ。そして食後のアイスコーヒーを飲む。喫茶店のアイスコーヒーは、最初はミルクもシロップも入れずに飲まなくちゃね。…なんとも深い味わいのアイスコーヒー。さわやかな苦みが脳の奥まで突き抜けて「落ち着き」を与えてくれる感じだ。あとで伺うと、この店の豆はヨコハマのキャラバンコーヒーだそうだ。そうか。いずれにしてもこんなにおいしいアイスコーヒーはじっくり飲もうとストローでちょっとだけ吸ったのだった。（2013年6月9日）

＊追記　2014年7月現在、「なすと地鶏のカレー」は900円、「豚の生姜焼き」も900円。この生姜焼きを飲み物とセットにすると1050円とのこと。

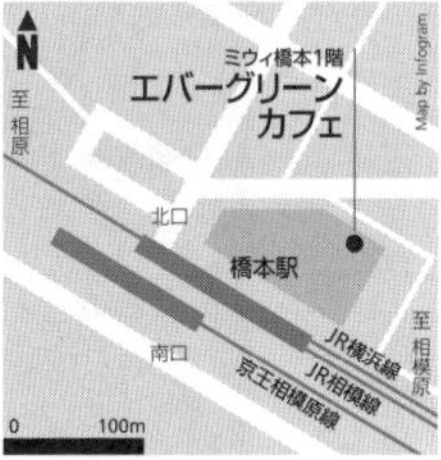

★エバーグリーンカフェ
相模原市緑区橋本3－28－1、ミウィ橋本1階
☎042(700)7558
ＪＲ・京王線橋本駅北口すぐ。第1・第3月曜休み（休日除く）。

179 クリーミーなカレーうどん ミニ丼付き

富貴堂

土曜の昼すぎ、雨の藤沢を歩いていた。見るとうどん屋が混んでいる。カレーうどんで有名な店のようだ。ランチセットもあり、ミニ丼セットで＋158円。これはステキそうだと思い、入店する。時間的にもさすがに店内はほぼ満員。幸い、カウンター席が1つ空いていたのでそこに座る。メニューを見たが、やはりここはカレーうどんでいってみよう。641円。それにさきほど表で確認したミニ丼セットにしようかな。本当はカレー汁の運用を考えると、白いご飯の方がうれしいのだが、白いご飯は105円。セットミニ丼との差が50円ほどしかないので、ここは丼でいこう。丼はいくつか選べるが、なかでも魅力的なのは「しらす明太子丼」だな。

店のお姉さんに注文すると、「紙のエプロンを使いますか?」と聞かれたので、うなずいて、もらう。カレーうどんは汁が飛び散るリスクがあるからね。…それに

カレーうどんのおつゆのクリーミーというかなめらかさはスゴイよ

してもカレーうどんはご飯との相性の良さや汁の飛ぶことに注意するなど、際立つ個性があるなと思っていると、わりと早くセット登場。カッコいい！　カレーの色はやや薄めで青ネギと豚肉が入っている。青いネギが美しい。

まずは汁を一口。…とてもクリーミー。口の中にスパイシーなシアワセが広がっていく。続いてうどんも。ほどよくシコシコしたおいしいうどん！　最近は暴れん坊将軍のように強いコシのうどんも多いけど、ほどほどがおいしいんだよ。さらに合間に食べるネギのシャリシャリと豚肉の頼もしさもいい。さぞかし、この汁で白いご飯を運用するとおいしいだろうと思いつつ、ミ

二丼に目を向けると、しらすがぎっしり、真ん中に明太子が鎮座するミニ丼。しらす＋明太子という〝二大おかず大王〟がいると、白いご飯を汁で運用するわけにはいかない。しらす層が薄いなら、底の白いご飯でなんとかなるかなと食べ始めると、とても分厚いしらす層（笑）。こりゃ無理だな。やはりとても誠実な店なのだと納得し、これまたすごいおいしさの丼を食べ始めたのであった（次回は絶対、白飯＋カレーうどん！）。（2013年6月23日）

＊追記　2014年7月現在、ミニ丼セットで＋160円。カレーうどんは660円。白いご飯は110円に。

★富貴堂
藤沢市藤沢530
☎0466(25)6570
藤沢駅北口から徒歩5分。
水曜休み。

180

火加減抜群 具たっぷりのニラレバー

仙満亭

逗子に来てよく訪れるのが〈仙満亭〉。ここはまさに「THE 駅前食堂」という感じ。店の看板に「食堂デパート」とあるのもステキ。何しろ、日本そば、うどん、中華、丼ものなどと実にレパートリーが広いのだ。通り過ぎていく旅行中の客だけではなく、駅からさらにバスに乗り換えて家に帰って行く地元の人たちの食事場所として機能するのが駅前食堂。かつては地方にもよくあったが、最近はかなり希少価値が高くなりましたね。

さて、今回も逗子で用事が終わったので、仙満亭で食べていくこととしよう。12時半くらいに訪れると、店はまあまあ混んでいる。何にしようかな。今日は定食的に食べようと思って、ニラレバー炒め670円とライス200円に決める。

店に入ってまずここは食券を購入。そして窓際のテーブルに座る。ここはソファ

ニラレバー食べると元気モリモリ！

の感じがスゴク昭和的で落ち着くのであった。出てきた水を飲みつつしばし待つ。今日は土曜なので、店内には家族連れもいるし、1人客のおじさん、そして作業着の人たちなど多彩な客層。地元で愛されているのがよくわかる。店内には雑誌や漫画もあり、それを読みつつくつろぐこともできるわけだ。私も読もうかなと思っていると、ニラレバーとライス登場。ちゃんとたくあんとスープもついて定食仕様になっているよ。

まずはスープから。オーソドックスなネギ入りの中華スープだがやさしい味でおいしい。続けてニラレバー。まさに理想的な美しさのニラレバー。たっぷりのレバー、

ニラ、モヤシ、ニンジン、玉ネギ、キクラゲと具も盛りだくさん。まずはニラと野菜から。これも味はやさしめ、火加減も抜群でシャキシャキおいしい。
　続けてレバーを。おそらく調理がとても丁寧なのだろう、表面のカリッとした感じと、中のやわらかい感じのバランスがとてもうれしい。いずれにしても、このシャキシャキ野菜とレバーが一刻も早く「ご飯こい！」と呼んでいるぜ！　ということで、左手でご飯の丼を持ち、猛然と食べ始めたのであった。（2013年7月7日）

＊追記　2014年7月現在、ニラレバー炒めは723円に。ライスは216円に。実は仙満亭は餃子もおいしい。

★仙満亭
逗子市逗子５－２－52
☎046(871)4320
ＪＲ逗子駅から徒歩２分。原則として第１・第３火曜休み。

181

さながらカレー国とナポリタン帝国

ハマコ 東口店

戸塚に用事があって最近よく出かけるのだが、駅の近くで、とても気になっていたメニューがあった。柏尾川のところにその店の看板が出ていて、通るたびに目に入ってきたのだ。そのメニューとは「ゴッコライス」。土曜の昼すぎに、意を決してその店を訪れることとした。店の名前は、〈ハマコ東口店〉。

店内はカフェ的なオシャレな雰囲気だ。小上がりのテーブルもあるが、1人なのでカウンターに座ろう。若い女性からおじさんまで客層は幅広いなあ。店のお姉さんが注文を取りにきたのでゴッコライス590円を頼む。お茶と同時にコップに入ったスプーン、フォーク、紙おしぼりもやってきた。店内にはゆったりとした洋楽が流れ、なんとも心地よい雰囲気だなあと思っていると、早速ゴッコライス登場。一緒に福神漬けの入ったポットも出てきたよ。これはワンプレートライスだ。プレー

追記に記したが、今は上の写真とはちょっと変化している「ゴッコライス」

トの右はナポリタンで、左はカレー。その2つの世界の真ん中にライスが丘のように存在している。

どちらの世界から食べるか迷うが、とりあえず、「カレー国」に福神漬けを入れて準備をした後に、「ナポリタン帝国」から食べ始める。大ぶりの玉ネギと厚切りのベーコンが入り、チーズがかかっている。パスタはシコシコ系の茹でたてだ。かなりレベルが高いなあ。続けて「カレー国」にいってみよう。これはサラサラ系。野菜は溶けて、ひき肉が粒として残っている感じ。食べると奥行きのある辛さと酸味。ご飯の炊き加減もバッチリでこれはおいしい。ただ、食べていくとご飯が決壊し、「カレー国」

のルーが「ナポリタン帝国」に押し寄せていく。そうなるとまた新たな味ができて、これはまた楽しいものだと思いつつ、変化したナポリタン帝国を楽しんだのであった。

ちなみに、このゴッコライスは、カレーとスパゲティを両方食べたいというニーズから生まれたそうだ。フシギな名前の由来は、以前は550円で出していたので、「ゴッコ」となったそうだ。へえ。こりゃ分からなかったよ。（2013年7月21日）

＊追記　2014年7月現在、ゴッコライスは590円のまま。しかし、スパゲティの方はナポリタンではなくなり、トマトソースとなり、さらにタマネギは入っていないそうです。

★ハマコ 東口店
横浜市戸塚区上倉田町507－3
☎045(862)3393
戸塚駅から徒歩3分。日曜休み。

182 あんは絶妙 衣ザクザクのパイコーハン 大龍飯店

二俣川といえば、神奈川の人にとって「運転免許を更新する所」。訪れたことのある人が多いのではないか。個人的には、大学のとき、この免許試験場のそばに友人が住んでいたのでよく訪れた駅であった。さて、当時から好きだったのが北口の大龍飯店。日曜日の14時すぎ、久々に二俣川を訪れたので食べていこう。

カウンターもあるけど、テレビのよく見えるテーブルに座らせてもらう。ここは定食もいいし、最近は「豚バラニンニク丼」が人気らしいけど、私はやはり昔食べていたパイコーハンが食べたいのでそれにしよう。７３０円。出てきた冷たい水を飲みつつ、日曜のバラエティー番組を見つつしばし待っていると登場。これだ、これ！　スープとツボ漬けがついている。思い出した。レンゲでなくてなぜかスプーンで食べるんだよ、この店は。

パイコーハンも猛烈に元気が出るよね！

まずはネギ入りの醤油スープを飲む。強い旨味が口のなかに広がり、瞬間的に「これだ！」とかつての記憶がよみがえる。その勢いでパイコーハンにいく。丼のなかにご飯が入り、その上に豚肉を揚げたものが載り、さらに玉ネギと青菜の入った「あん」がかかっている。「あん」の部分からスプーンを入れる。うーむ、シャキシャキ野菜と「あん」の絶妙な塩加減が、やや硬めに炊いたご飯にからんでいる。おいしい。だが、本番はこれからだ。

続けて揚げた豚肉に着手。衣はザクザククリスピー。豚肉には醤油味がついていて、こりゃもううまさで爆発しそうだ。たまらんな。さらに前述のご飯と「あん」もいる

んだから、まさに宇宙でも無敵なおいしさとエネルギーを秘めた食べ物だろうよ。それにしても、この丼、こんなに深かったっけ？
ご飯がたっぷり入っていて、満腹は間違いなし。「…ああ、そうか、おいしい上に満腹になるから、私はこのパイコーハンが好きだったのだ」と思い出しつつ、バクバクと食べたのであった。
…それにしても、大学卒業してから20数年たつのに、こんな大盛り丼をおいしく完食してしまう私って、なんだろうかね（笑）。（2013年8月4日）

＊追記　2014年7月現在、パイコーハンは800円に。「スゴイ反響でしたよ」とご主人。うれしいなあ。

★大龍飯店
横浜市旭区二俣川1－64
☎045（391）1901
相鉄線二俣川駅から徒歩5分。無休（年末年始を除く）。

183 魅惑の焼き魚 サバの底力にご飯が進む
鳥海山 湘南台店

湘南台で相鉄から小田急に乗り換える。昼時なのでご飯を食べていこうか。以前紹介したアロームと同じビルにある〈鳥海山〉にしよう。最近（後で伺うと2年前から）ランチをやっている。表でメニューを見ると、「焼鳥丼」５８０円などと、とても手頃な値段からある。さらにメニューを読み込んでいると、焼き魚が食べたくなったので「日替わり焼魚定食」６５０円でいこうと決め入店。

店内はカウンター、小上がり席などがある。小上がり席ではご婦人方が楽しそうに会食タイムだ。カウンターの隅に座り「焼き魚は何でしょう?」と店の方に聞くと、サバか、カンパチのカマとのこと。カマもいいけど、私はサバでしょうと思い注文。店内のメニューを見ているとご飯や味噌汁は1回おかわりできるようでとてもエライ。注文後に出てきた麦茶を飲みつつしばし待つ。カウンター上にあるメ

やっぱりサバだ！

ニューを見ていると日本酒の種類も多いのがわかった。そうこうしていると定食登場。これは充実しているな。
まずは味噌汁から。ワカメ、油揚げ、ネギのオーソドックスな具だが飲んだ瞬間に「うまい！」と思わず言ってしまう。続けてサバの横の大根おろしとショウガの小山に醤油を垂らして、サバをよいしょと裏返す。ああ、脂で美しくテカテカしている。箸を身にグッと入れて大根おろしとともに口に運ぶ。口の中で広がっていくサバの身の確かなおいしさ。こりゃたまらんとご飯をすぐに口に入れる。やや硬めに炊かれたコメの素晴らしいうまさ。スゴイ勢いで食べ始める。この店は炭火で焼いているせい

か、サバがふっくらと焼けていて、かつ香ばしい。付け合わせの漬物（大根、キュウリ、ニンジン）、冷ややっこ、さらにサラダもついていて、栄養バランスもバッチリ！　でも一番おいしいのは、コメと魚。やはりご飯のおかわりはしてしまったのであった。

…後で伺ったところ、ランチの人気はとても高いそうだ。ただし夜もステキそう。「今度は夜も来てください」とお誘いいただいたので、ぜひ焼き鳥を食べにこようと思って店を後にしたのであった。（2013年8月25日）

＊追記　2014年7月現在、「焼鳥丼」は702円、「焼魚定食」も702円に。すみません、まだ夜行ってません。今度いきます！

★鳥海山　湘南台店
藤沢市湘南台２－１－１、53田中ビル１階
☎0466(45)7288
小田急・相鉄・横浜市営地下鉄各線の湘南台駅から徒歩２分。無休。

184

美しき日中合作 町おこしの よこすか衣笠丼

本格中国料理 上海王

ＪＲ横須賀線の衣笠駅近くの商店街で町おこしのために「よこすか衣笠丼」を企画したそうだ。参加している7店舗で、それぞれに趣向を凝らしたよこすか衣笠丼が食べられるとのこと。へえと思って、土曜日の13時くらいにＪＲ横須賀線でやってきた。本連載で紹介した「一松」を訪れて以来だ。相変わらずのんびりしたいい雰囲気の街だなあ。さて、一松でも丼は食べられるようだが、今回は別の店に行ってみようと思い、中華料理の「上海王」を訪れる。土曜の昼だったが、店内に入るとなんとほぼ満員。なんとか空いていた2人がけの席に座る。

とりあえず、よこすか衣笠丼６８０円を注文し、出てきた水を飲む。今日は暑いからうまいね。それにしてもなんとも活気のある店だ。コーヒー付きの７００円のランチもよさそうだったなあと思いつつ待つ。ちなみに、各店舗の衣笠丼は、長ネ

これものすごくよくできた丼です！　特にチャーシューがスバラシイ！

ギ、油揚げ、玉子を使うことが基本ルールで、後は店でアレンジしているようだ。発祥自体は京都で、油揚げと九条ネギを玉子でとじたものとのことだ。かくして、衣笠丼が登場。スープと杏仁豆腐がついている。こりゃなんともうまそうだ。もっとも、もとの「和」な衣笠丼ではなくなっているが。まさに京都から上海にはるばるやってきた感じだ。

まずはスープから。玉子と豆腐とシイタケの入った優しいスープ。続けて丼に移ろう。やや平たいお皿に盛られたご飯の左側には赤い縁のチャーシューが6枚、真ん中にネギ、右側に油揚げと青菜（小松菜、季節によってはホウレン草）をまぜたものと

いう配列。そして丼の上の方にゆで玉子がのっている。美しいですね。ネギとチャーシューの部分から食べる。絶妙なニンニク入りのタレ、やわらかいチャーシュー、抜群の炊き加減の米、シャリシャリとしたネギたちの融合されたおいしさ。もう何もいうことはありません。おいしい！　続けて右側の青菜と油揚げの和え物。こちらはなんとなく京都の雰囲気。まさに日中合作のステキな丼だなと思いつつ、ガガガと食べたのであった。（２０１３年９月８日）

＊追記　２０１４年７月現在、よこすか衣笠丼もランチも値段はそのまま。「今さんの新聞記事出たら、お客さんどんどん来ました！」とご主人。いやあうれしいなあ。

★本格中国料理 上海王
横須賀市衣笠栄町１−22−8
☎046(807)1888
ＪＲ衣笠駅から徒歩３分。
火曜休み。

185

温泉宿気分の喫茶店ランチかき氷付き！

喫茶 タンゴ

鶴見駅からダラダラ歩いて北上すると10分ほどで「レアールつくの」という商店街にたどり着く。とてもいい〝湯加減〟の商店街で、歩いているだけでのんびりするなあ。おいしそうなパン屋や団子屋があり、帰りに買っていこうかなと思いつつ進むと、〈タンゴ〉という喫茶店があった。ここはナイスな店だと聞いていた。表のメニューを見ると日替わり定食は９２０円。喫茶店ランチとしてはそんなに安くはない気がするが、ここはいろいろ「技」がある店で実は安いのだ。日替わりはA～Cとあり、Bのカサゴの塩焼きだなと思いつつ店内へ。

なんとも「昭和」な内装で、おっさんの私としてはとても落ち着く。窓際のテーブルに座り、再度メニューを見ると飲み物の代わりになんとかき氷にすることができる！（大体９月中は大丈夫ですぜ）こりゃいいや、かき氷にしよう。種類はい

何しろかき氷つき定食は私もはじめて食べました。
あ、かき氷に定食がついているのか、喫茶店だから（笑）

ろいろだが「すい」があるよ！　これ、透明のシロップで限りなく懐かしい。祖母の家の近所の甘味屋で食べた記憶がよみがえる（私は四国出身）。さらに、マスターに「カサゴは頭と尻尾とどちらにします？」と聞かれる。尻尾にしよう。続けて「今月のおまけ」というのがある。スゴイサービス（笑）。みつ豆、冷ややっこなどあるが、コーヒーゼリーにしよう。コーヒーの代わりになるし。

かくして注文して水を飲みつつ待っていると定食登場。これはスゴイ！　マスターが「温泉にきたみたいでしょ？」とニヤリ。まさにその通り。では味噌汁から。なんとアサリの味噌汁。大好物！　もうこれだけ

で満足度急上昇！　続けてカサゴ。食べると淡泊な白身。じわりと口の中でうまみが広がる。醤油を垂らすとがぜんおかず力が増す。このカサゴも四国でよく食べた。さらに、小鉢の野菜の煮物、漬物、冷やしトマトのどれもほのぼのとおいしいよ。ということで、きれいに食べ上げて、デザート部門に移行。まずかき氷から。サクサクサク。これだ！　私は変わった子どもだったので、メロンでもイチゴでもなく、この「すい」を選んでいたんだっけと思いだしつつ食べたのであった。（２０１３年９月22日）

＊追記　２０１４年７月現在、日替わり定食は９８０円に。お店に電話したとき、受話器の向こうから「わっしょい！わっしょい！」と威勢のいい掛け声が！お祭りだったわけです。忙しいところすみませんでした。

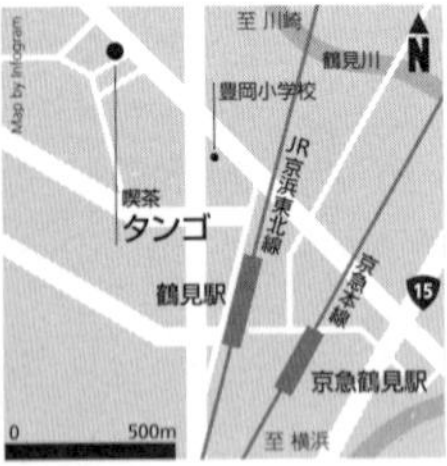

★喫茶　タンゴ
横浜市鶴見区佃野町29−45
☎045(571)3414
ＪＲ鶴見駅西口から徒歩10分。水曜休み。

186 元気みなぎる分厚いカツにカレールー ホフブロウ

横浜・山下公園前の県民ホールの裏にあるホフブロウ（HOF BRAU）。一度入ってみたかった洋食屋だ。これまでタイミングが合わなかったが、横浜開港資料館に用事があったので、訪れてみることにした。スパピザ850円（平日ランチ時）が名物らしいが、本連載は定食がテーマなので、食事にはご飯が必要だ。店の表でランチを確認すると、ポークカツカレーがある。サラダ、スープ付きで900円。よし、これにしよう。今日はちょっと暑いのでアイスコーヒーも付けて、＋100円。合わせて1000円と、少しぜいたくなランチとなった。

平日の12時30分に店内に入ると、もりもりと人だらけ。周辺の勤め人らしきお客さんたちも多くいて、人気店だとよくわかった。バーもあり、シックな店内で、なんともヨコハマ的だ。たまたま空いたテーブル席に座らせてもらい、注文する。す

カツが分厚くて感動！

ぐに水とサラダ、そしてスープが出てくる。ウエーター姿のスタッフとともに、コック姿のスタッフも料理を運んでいて面白いなあ。そんな様子を見ているとわりと素早く、ポークカツカレーとアイスコーヒー登場。飲み物も一緒に持ってきてもらったのだ。おお、こりゃまた随分カッコいいカツカレーだ。

まずはスープから。コンソメ。キャベツ、玉ネギ、ニンジン、ベーコンなどが入っていて幸せな味だ。続けてカレーに。立派なポークカツが載っている。カツカレーって、カレー＋カツでダブルごちそうだよね。カレーから食べると、やや酸味のあるカレールー。具は感じないけど、とてもフルーティーなカレー。続けてカツを。分厚いカツ！　カレールーとともに食べるとたんに、全身に元気がみなぎるような感じ！　これはうまい！　サラダもあって栄養バランスもとれているし、福神漬けもたっぷり。さらに、カレーを食べた後にうまさが増すコーヒーもつけちゃったので、私にとっては天国のような食事だよと思いつつ、スプーンを動かしたのだった。今度はぜひスパピザ（スパゲティにピザソースがかかった食べ物らしい）に挑戦だな！（2013年10月6日）

＊追記　2014年7月現在、ランチのスパピザは900円、ポークカツカレーは950円に。飲み物プラス100円は変わらず。スゴクカッコいい店。イカしたガールとビール飲むのもグー。

★ホフブロウ
横浜市中区山下町25－1
☎045（662）1106
みなとみらい線日本大通り駅か元町・中華街駅から徒歩3分。月曜休み（祝日の場合翌日）。

column 2

大佛次郎「終戦日記」に沿って「食べもの屋」などを歩く

戦中戦後の作家たちの日記を読むのはとても楽しい。戦争という激動の時代を作家がどうとらえ、何を考えていたがよくわかるからだ。作家がどう感じたかを読むことで、まるでタイムスリップしてその時代に居合わせたかのように、史実が立体的に理解できるのだ。

なかでも鎌倉文士の日記は特にいい。個人的に鎌倉はいろいろと土地勘が働くし、町の構造や町名などがさして大きく変化していないので、今と照らし合わしつつ読み進めることができるのが良さの一つだ。そのため、わりと何度も読み返す。高見順の「敗戦日記」がいいけれど、今回紹介するのは、大佛次郎「終戦日記」（文春文庫）。たまたま先日読み返していると、この終戦日記の時期が、今の私の年齢47歳とほぼ変わらないことに気がついた。ということは、精神状態はともかく肉体状態は、より大佛とシンクロ（同調）して時代を見ることができるなと思いつつ読んだ。ちなみに、「終戦日記」は昭和19（１９４４）年9月から翌20年10月の敗戦前後の1年間の記録だ。

さて、今回特に気になったのは「横浜」と「食べ物屋」の記述だ。大佛は時折「横浜」に出掛ける。本書でいう「横浜」は今の横浜駅界隈ではなく、伊勢佐木・関内を中心とした地域のようだ。たとえば昭和19年10月18日に横浜に本を探しに出掛けているが（古本を買うところもとても共感できる）、そこで飲食店の記述がある。

…梅香亭へ行くとオヤヂと子供は岐阜へ疎開したと云うが大根の風呂吹を喰わせるだけ。マスコットへ廻る、休みの由。オデオン裏の天元と云う小料理やに行き、安治と三人で食事。四人前で一人25ｙｅｎかかる。（アジの刺身、イカの酢、吸物、塩焼、小魚のバタ焼、酒一人二本）客は所謂新興中産階級なるらし。…」。

梅香亭はつい最近まで営業していた横浜の老舗の洋食店。横浜スタジアムのそばにあった。「そのうちに行こう」と思っていたら閉店してしまった。残念。マスコットは日本大通りから少し脇に入ったところにあった酒場（昭和20年5月29日の横浜大空襲で「平たき灰になる」と日記にある）。その後、オデオンに向かっているので、当時の大佛の動きを現在の我々は思い描くことができる。また「終戦日記」は物の値段が闇の値段まで克明に記されているのも素晴らしい。

続けて昭和19年11月22日には、吉野町三丁目の佐藤病院の栄七院長から連絡があり、伊勢佐木町の不二家の三階の支那料理店に会食に出掛けている。不二家は今も伊勢佐木にあるが、その3階が中華料理の店だったとは知らなかった。ちなみに不二家は大正11（１９２２）年に元町から伊勢佐木町に進出、昭和13（１９３８）年にビルを新設している。このビルが現在の不二家レストランの建物なのだった。ちなみに、同ビルは地下がビヤホール、１階が洋菓子と喫茶、２階が大食堂、そして３階が支那料理、４階は宴会場、５階スターサロンと、上から下まですべてが「味の不二家」だったと同社のHPにあった。

また、佐藤病院も、調べるとなんと健在。大正8（1919）年創立の由緒ある病院で、吉野町そばの南太田にあるのだった。病院に問い合わせたところ、栄七院長は先代だそうだ。大佛との交友関係はとても気になるなあ。

そして最も本書で登場するのは鎌倉の中華料理店「二楽荘」。日記も昭和20（1945）年になり、敗戦が近くなると飲食店に行く記述が減ってくるが、二楽荘だけは頻繁に出てくる。この二楽荘も健在だ。是非とも「かながわ定食紀行」の連載で訪問することとしよう。

大正12(1923)年創業の梅香亭。店は今も残るが、平成23(2011)年12月に閉店した

戦後12年にわたり米軍のクラブとして使用された不二家ビル(写真左)。「YOKOHAMA CLUB」の看板が見える。昭和33(1958)年5月に接収解除され、同年12月、新装なって開店（写真右）。「地階はカクテルコーナー、ビヤホールとし、1階洋菓子、喫茶、3階中国料理店、4階集会室、5階ビフテキ・サロンなど、往年の不二家が再現される」と神奈川新聞が報じている

187 稲荷に太巻き 老舗和菓子屋のおいしい弁当

盛光堂

年に1度の健康診断を某所で終え和田町まで歩いてきた。「おなかがすいたよ」と思っていると、横浜国大に通っていたころ時々団子を食べていた〈盛光堂〉が目に入った。懐かしい。ショーケースを見るといなり寿司や太巻きもある。そうだ、このおいなりさんや太巻きを買っていってお昼にしようと思い店内に入る。あ、詰め合わせのお弁当が500円だ。これにしよう。しかし、店では食べることはできない。でもおかみさんが冷たい麦茶をサービスで出してくれたので、一応店内で撮影だけさせてもらう。

ついでに団子も買おう。あんこ、ずんだ、ごま、どれも100円なので、それぞれ2本もらおう。ちなみにこの盛光堂は1957(昭和32)年創業の老舗。私が買っているそばから、次々と客が来て和菓子が売れていく。相変わらず人気店だよ。自

ほのぼのしたお昼のひと時という感じ。母親が買ってきたお昼という感じでもある

宅近所にこういうおいしい和菓子屋やケーキ屋があるのは人生のシアワセですね。

店を後にして、近くの知り合いのオフィスで弁当を使わせてもらう。いなり2個、かんぴょう巻き2個、太巻き、赤飯、紅ショウガ。野菜は夜食べればいいや。最初は赤飯から。もち米もちもち、豆もそもそ、ごま塩の塩っ気で、日だまりのようなおいしさ。続けてかんぴょう巻き。かんぴょうがほのぼの甘い。作りたてなのでお米がやわらかい。作りたてはおいしいな。次はおいなりさん。濃いめに甘く煮あげた油揚げと薄めの酢飯のコンビネーションが素晴らしい。当然、関東のおいなりさんなので具はない。四国から出てきて最初に関東のおいなりさんを食べたとき驚いたが、今は大好きだ。

かくして、もう一方のかんぴょう巻きを食べ、紅ショウガで口を引きしめ、再度おいなりさんを食べる。そして最後に太巻き。クライマックスだ。かんぴょう、玉子、紅ショウガが入ってボリューミー。ああ満足。

最後に自分のデザート用に買っておいたごま団子を食べる。先ほどおかみさんに聞いたら、ごまもお店ですっているということでものすごく香ばしく、餅はやわらかい。「ああ、最高だ！」と思った和菓子屋の弁当のお昼であった。（２０１３年10月20日）

＊追記　２０１４年７月現在、値段は変わらず。ここは本当においしい。ああ、団子食べたい。

★盛光堂
横浜市保土ケ谷区和田１－18－11
☎045(331)2890
相鉄線和田町駅から徒歩２分。月曜休み（お彼岸と「こどもの日」は除く）。

188 焼肉ライスにミニラーメン 充実のセット

ラーメンとお食事 あしなや

用事があって、JR横須賀線で鎌倉に来た。ここでぜひ食べていきたいのが、〈あしなや〉。1936(昭和11)年創業の老舗の食堂で、駅の近くにある。土曜の13時くらいに訪れると、店内は結構満員。やはり人気だ。なんとか2人掛けの席に座り、何にしようかと考えたが、「焼肉ライス」に「ミニラーメン」のついたMセットにしよう。900円(ラーメンがつかないと730円だ)。

老舗だけど、とても清潔で、良い定食屋の「雰囲気」をものすごく感じるなあ。実はこの店、大学のときから来ていたが、当時は普通に食べていただけだった。しかし定食修業を積んだ今、その「雰囲気」や「良さ」がビンビンわかるようになったなとか思っていると、わりと素早くMセット登場。こりゃいいや。まさに私が食べたい感じのセットですね。

肉の端っこがチリチリなのがいいのだ！

最初はスープ代わりのミニラーメンのスープを飲もう。強めの醤油スープで旨味が強い。ミニながらも、メンマ、ネギ、チャーシューがしっかりと載っている。続けてメインに。炒めた野菜の入らない純粋な焼き肉に、たっぷりのキャベツが添えられ、パセリが載っている。肉を食べると、いい具合に端っこがチリチリとなっていて、真ん中にジューシーさが残ったタイプ。こりゃおかず力絶好調だと思いつつ、ご飯を食べる。おお、米がうまい。濃いめの味付けの肉をしっかりと受け止めてくれている。

続けてラーメンに戻る。オーソドックスな縮れ麺だがシコシコとおいしいなあ（自家製らしい！）。メンマもいただき、チャー

シューも齧る。食べごたえもあるチャーシューだねと感心しつつ再び焼き肉方面を食べよう。今度は焼き肉のタレをまぶしたキャベツを。肉の旨味のしみ込んだタレで食べるキャベツは抜群にうまい。うまいだけでなく、これでしっかり野菜も摂取できて、栄養バランスもとれるのだ。いやあ、まさに「定食の中の定食」的な充実した食事となったなと深く満足しつつ、白菜のお新香をポリポリと食べたのであった（このお新香も野菜貯金ができていいですね）。（２０１３年11月３日）

＊追記　２０１４年７月現在、Ｍセットは９３０円。ラーメンがつかないと７５０円。

★ラーメンとお食事
あしなや
鎌倉市小町１－４－18
☎0467(22)1011
鎌倉駅東口から徒歩３分。
水曜休み（不定期で木曜休みもあり）。

189 鰹節踊る もちもちの焼きうどん

伊之助

用事があったので、横浜市営地下鉄ブルーラインで弘明寺駅に来た。地上に出るとすぐに弘明寺商店街がある。相変わらず歩きやすく、居心地のよい街だ。さて用事が終わると11時30分。ナイスな時間なので、ご飯を食べていこう。弘明寺商店街からちょっと横に入ったところにあるうどんの〈伊之助〉に向かう。ここはうどん屋だけど、定食パワーに満ちているのだ。

ということで、入店してテーブルに着席する。時間が少し早いせいかまだお客がいない。店の人がメニューを持ってやってくる。おお、やはりすごくいっぱいメニューがあるなあ。焼き魚定食や、しらす丼と刺し身定食なんかも食べたいけれど、メニューをしばらく眺めていると、なぜかものすごく焼きうどんが食べたくなったので、焼きうどんの小ライスセットにしよう。なお、ライスはスープに変更できる。

「踊る鰹節」を想像しつつ写真を見てください！

いずれにしても680円。

出てきたお茶を飲みつつ待っていると、昼が近づいてきたせいか、お客さんがドドッと入ってきた。こりゃ地元で深く愛されている店だなと実感する。またご婦人が天丼を持ち帰りで2人前注文していて、そういうこともできるんだなと思っていると、私の焼きうどんと小ライス到着。こりゃ、なんともかわいらしくまとまっている感じ。ミニサラダがついているところに店の愛を感じる。

ではまず、おつゆの代わりに温かいお茶を飲んで、焼きうどんから。色合いがやさしい感じ。焼きそばよりも焼きうどんのほうがやさしい感じがするよね。焼きうどん

は、家で作って食べることも多いけれど、なぜか外食でも食べたくなるメニューの1つだ。箸をつけようとすると、焼きうどんにトッピングされた鰹節が踊っていて、おいでおいでしているようだ。具はキャベツ、ニンジン、玉ネギで、うどんがもちもちしていてとてもおいしい。それにしても、この焼きうどんはとても香ばしいなと、よくよく見ると、天かすが入っている。ああ、これで香ばしくなっているんだなと納得して、小ライスを食べたのであった。（２０１３年11月17日）

＊追記　２０１４年７月現在、焼きうどんの小ライスセットは７５０円に。

★伊之助
横浜市南区通町４－117
☎045(715)7587
横浜市営地下鉄弘明寺駅から徒歩２分。毎月最終木曜日が休み。

190 大阪の夜 じっくり堪能 家系ラーメン

魂心家 番外・大阪編

私が大学生だった1980年代末、横浜の友人の間でラーメンブームがわき上がった。当時は新杉田にあった吉村家のとんこつ醤油系のラーメンがおいしいと、夜な夜な彼らは食べに行っていた。既に私は定食主義者だったので、「へえ」という感じで横目で見ていたが、その吉村家のラーメンは「横浜家（いえ）系」というラーメンの一大潮流を生み出した。かくいう私も、当時弘明寺にあった家系のマンザイラーメンで（今はない）、ラーメンライスのおいしさに目覚め、「ラーメン定食」としての家系ファンとなった。

さて、家系はその後発展し、今や全国に広がりつつある。今回大阪にきたが、なんとなんばにも家系があるとのことで、大阪市営地下鉄に乗り日本橋駅へやってきた。ここは東京の秋葉原に似た街だ。雨の降る19時くらいにアニメやパソコンの店

いやあ、魂心家うまいわあ。海苔でご飯巻いて食べられるし最高ですわ

などを見つつ歩いていくと、金色に輝く看板が見えた。ここだ。横浜家系の魂心家（こんしんや）だ（本社は神奈川県大和市）。

店に入ると券売機がある。とりあえずライス（小）50円は必須だな。麺は650円の醤油ラーメンにしようかと思ったが、大阪に来て気持ちが大きくなっているので900円の631ラーメンにしよう。これは海苔6枚、チャーシュー3枚、そして味玉1個なので631ラーメンだそうだ（ホウレン草、ウズラの玉子なども入っている）。

チケットを店の人に渡して、水を飲みつつ待つ。店内にはいろいろ掲示があり、それによると横浜の丸山製麺の中太麺を使っているそうだ。なるほどと思っていると、

ラーメンとライス登場。こりゃずいぶんゴージャス。最初にスープと麺を混ぜてスープから飲む。まろやかクリーミーなとんこつ醤油。飲んだ瞬間口の中に満足感が広がる。「うまい」とほぼ笑みつつ、今度は麺を。中太麺は食べがいがある。この噛みごたえの確かさはたまらない。チャーシューも炙っていて香ばしくやわらかい。そしていよいよ家系ラーメンの最大の楽しみをやろう。ご飯の上に麺を置き、スープに浸した海苔でご飯を巻いて食べる。いやもう、これはたまりませんよ！（２０１３年12月１日）

＊追記　２０１４年７月現在、醤油ラーメンは６８０円、小ライス50円は変わらず。６３１ラーメンは９３０円に。魂心家はお茶の水店にも行きました。

★魂心家（こんしんや）
大阪市浪速区難波中２－４－３
☎06(6575)9322
南海線難波駅南口から徒歩４分。無休。

191 野菜願望も満たされる優しいカレー

カレーハウス ブータン

夕方に茅ケ崎駅に来た。北口に出る。今日はものすごく忙しくて昼食も食べていない。もう限界だ。晩ごはんまでとても持たない。何かをすぐ食べたい！ …でも、次の用事があるのでそんなに時間はない。こんなときに便利なのが立ちそばだが、やはりご飯が食べたいものだと思いつつ歩いていると、〈カレーハウス ブータン〉が目に入った。小さなスタンドカレーの店だ（座って食べられるが）。そうだ、カレーを食べよう！ ここも結構古い店だよね（後で伺ったら１９８９（平成元）年からだそうだ）。

入店してまず券売機に向かう。何にしようかな。野菜を摂取したかったので、ヤサイカレーに。５２０円。チケットを買い、カウンターの隅に座り、店のコックさんに渡す。出てきた水を飲みつつしばし待つ。ちなみにここのカレーは、ポークカ

すごく定食的に食べられるカレー！

レー490円からでとてもリーズナブル。カツカレー620円も良かったなと思っていると、ヤサイカレー登場。ブロッコリーも添えられていて、きれいだね。とりあえず、サービスの福神漬けとらっきょうをもらう。らっきょう好きなので6粒ほどもらっていると、「サービスです」となんと味噌汁とコールスローが出てきた！　うわあ、一挙に定食的になったよ。これはもう栄養バランスバッチリだ。野菜食べたい願望はものすごく満たされたよ。

　では、まず味噌汁から。ワカメだけのシンプルな味噌汁だが、すいているおなかにしみていくよ。うまい！　続けてカレー。まず、ご飯がつやつやでとてもおいしく、

ルーもそんなに辛くない（辛くできるようだ）。ヤサイカレーだけあって、ジャガイモ、ニンジン、玉ネギ、マッシュルームがたくさん入っていて、とてもうれしい。お店で食べるカレーなんだけれど、家庭で食べるようなやさしさのある味わいだ。清潔な店内の雰囲気も相まって、なんとも居心地のよいお店だなと思いつつスプーンを動かしたのだった。

ちなみにこの店は、鰹節などで有名な茅ケ崎の老舗、「湘南山鉄」が経営しているそうだ。知らなかったなあ。（２０１３年12月15日）

＊追記　２０１４年７月現在、値段は変わらず。今度はカツカレーを食べよう。ここも「おかしのまちおか」がそばにあるな。まあどうだっていい話ですがね。さらにずっとずっと進むと、湘南地方では知る人ぞ知る「湘南クッキー」の大きな自販機コーナーがあります。

★カレーハウス　ブータン
茅ケ崎市新栄町１－１、山治ビル地下１階
☎0467(83)3528
ＪＲ茅ケ崎駅北口から徒歩１分。無休（正月三が日は休み）。

192 おかず力あるメイン2品に小鉢も充実
麻布与兵衛　青春家族

中山駅北口で用事があった。地下鉄グリーンラインの乗り場もあり、広々とした感じ。用事が終わり13時30分。お昼を食べようと思い駅まで歩いていると、よさそうな定食の店が。「おお！」と思いメニューを見ると770円でいろいろある。こりゃいいやと2階に上がり、店の入り口に立つとすごく混んでいたのでびっくり。さらにこの店はカラオケが得意らしく、店内にモニターなどがある。

とりあえず、店内奥のテーブル席に。すぐ冷たい緑茶とおしぼりが出てくる。何にしようかと思ったが、2品選べる定食が良さそうだ。オヤジさんに聞くと、「さばみそ煮」と「あじフライ」は終わり。残念。なので「からあげ」「まぐろ山かけ」に。それにしても店の混み方はスゴイと思っていると、わりと素早く定食登場。うわあこれは充実！　前述したメイン2つに、冷ややっこ、モツ煮の小鉢までついている。

おかずもすべて誠実なんだよね

続けてオヤジさんが調味料セットを持ってきてくれた。唐揚げに付いていたサラダにドレッシング、冷ややっこと山かけに醤油をかけ、準備完了。

では味噌汁から。大根、青菜、エノキ、ニンジン、油揚げなどがもりもり入りボリューミー。野菜の甘味と油揚げのコクで完成度が高い。うまい。続けて唐揚げ。あちち。なんと揚げたて。ほのかに醤油味がついていておかず力があるねえ。もう1つのおかずの山かけも食べよう。単独で食べてもうまいがご飯にとろろをかけて食べると、あまりのうまさにご飯がすぐなくなった。でも大丈夫。ご飯のおかわりもできるのだ。おかわりを待つ間にモツ煮を食べる。

野菜もうまいがやわらかいモツが最高。私はモツ好きなんだよねと思っているとおかわりが到着し、残りをきれいに平らげる。食べ終わるとおかみさんが「コーヒーはホット?アイス?」と聞いてくれたので、ホットを。すかさずゴールドブレンドを作ってくれる（笑）。この店最高だ!ちなみに14時を過ぎるとカラオケもできるとのことだが、私は人生の修行がまだ足りないので歌は我慢する。ちなみにご主人は老人ホームの慰問なども積極的に行っているそうです。（2014年1月5日）

＊追記　2014年7月現在、昼の定食は800円に。ここは店の雰囲気が実にすばらしい。ご主人がとても素敵です。私もこの店で歌うことができるように人生の修行を積みたいものです、はい。

★麻布与兵衛　青春家族
横浜市緑区中山町322－19、味ビル2階
☎045(932)2280
中山駅北口から徒歩2分。
日曜休み。

193 たっぷり豚汁 甘辛カレイ 幸せな夕食

茶屋本店・魚食堂

18時すぎ、横須賀中央にやってきた。これから都内に戻って用事がある。よし、それならしっかりと夕食を食べていこうと思い歩いていると、魚食堂という店があった。ああ、ここ食べてみたかったんだ。いい機会だからここで食べていこう。横須賀はいい店が多いけれど、夜は定食だけだと結構つらく感じるところもある（つまり酒を飲む必要性を感じる）。そのようななかで、こういう定食メインの店はありがたいね。ちなみにこの店は店名のように焼き魚、煮魚などのメニューが豊富にある。何にしようか迷うが、カレイの煮付けが食べたくなったので「かれい切身定食」にしよう。860円。

入店して、1人なのでカウンターに座る。ご飯を白米、十八穀米、黒米、もしくは季節の炊き込みご飯の中から選べる。お茶を持ってきてくれたお姉さんに聞くと、

ああ、ご飯をおかわりしなかったのが無念。また行くぞ！

炊き込みご飯は鮭と大根の葉だそうだ。いいねえ。これにしよう。注文してお茶を飲みつつしばし待つ。店内は静かで落ち着いていい感じ。かくして定食登場。おお、汁がデカイ。ではまずこの汁から。これはネギ、大根、ニンジン、ゴボウ、豚肉、こんにゃく、油揚げのたっぷり入った味噌汁。豚汁ですね。うまい。外は寒かったので温まるなあ。

続けて魚に。これは立派なカレイの切り身。食べると甘辛い味付け。カレイは四国にいたときもよく食べていたけど、四国のは小さいカレイで味も醤油でほんのり色づいている程度で甘くはなかった。関東のは大きなカレイの切り身で、濃い味付けが多

いね。魚料理は地域差が結構あるのだ。まあ関東のカレイの煮付けも今は大好きになった。それにしても、このカレイの甘辛さはおかず力全開という感じで、ご飯が進む。炊き込みご飯といっても、ほとんどまぜご飯という感じで白米に近い。それにしてもお米がおいしくて、バクバクと食べてしまったのであった。

…あとで判明したが、ここは「むらせ」というお米屋さんの運営で、ご飯はおかわりできたらしい！　うーむ、残念。ぜひともおかわりをしに再訪しよう！（2014年1月19日）

＊追記　2014年7月現在、「かれい切身定食」は900円に。今度はおかわりするぞ！

★茶屋本店・魚食堂
横須賀市若松町3－6
☎046(825)9576
京急線横須賀中央駅から徒歩7分。無休。

194 サクリ唐揚げ 中国大陸風のステキな味わい

水仙閣

東戸塚にやってきた。東口に出ると、ドーンと大きなビル（複合型ショッピングモールの「オーロラシティ」）が駅とつながっていて、それが大きな象徴となってるよね。定食的にはどうかなと駅前を歩いていると、〈水仙閣〉という中華料理店があった。今は15時で、14時30分までのランチタイムを越えているけど、まだ定食は食べられるようだ。

エレベーターに乗って5階にある店に入ると、やはりこの時間なので客は1組のみ。店内は結構奥まで広いな。とりあえず奥の方のテーブル席に座り、メニューを見つつ何にしようかなと思う。この店、ランチタイムにある5人前まで増量できる「ヤキ餃子定食980円」というのも気になったが（すごいよね）、この時間にはないので残念。メニューには中華定食やラーメンと半炒飯などのセットと並び、和定

唐揚げの配置が美しい！

食コーナーがある。アジフライ定食780円があり、それと迷ったが、肉が食べたかったので「若鶏のから揚げ定食」850円にしよう。

出てきた水を飲みつつしばし待つ。店内は中国の歌謡曲がゆったりと流れていていい感じ。かくして、銀のお盆に載った定食が登場。おお、これはなんとも、唐揚げがきれいに盛り付けられているなあ。まずはスープからいただこう。玉子、ニンジン、豆腐、肉、そして海藻も入ってトロリとしている。同店は中国大陸料理ということだが、ちょっと異国な味ですね。おいしい。続けて唐揚げ。9~10個もあってボリュームたっぷりだ。食べるとサクリと揚がって

いて、軽快においしい。唐揚げの真ん中に置かれたキャベツのドレッシングもピリ辛がちょっと入っている感じで味わい深い。ご飯もツヤツヤで実にいい。

　ちょいと箸休めで大根の浅漬けを食べようと思ったら、なんとジャガイモの角切り！　基本は和定食なんだけれども、料理の１つ１つにちょっとずつ「大陸」が入り込んでいるなんともステキな定食でした。ちなみに、「陳式麻婆豆腐」も同店の名物で、食べ放題もオトクだそうです。（２０１４年２月２日）

＊追記　２０１４年７月現在、ヤキ餃子定食、アジフライ定食、若鶏のから揚げ定食など値段は変わらず。今度はヤキ餃子定食にチャレンジだ！　何人前まで食べられるかなあ。

★水仙閣
横浜市戸塚区品濃町539－7、内藤ビル５階
☎045(822)8986
ＪＲ東戸塚駅東口から徒歩１分。無休。

195 風邪の客に思いやりのネギメニュー あさくさ食堂

以前紹介した鎌倉の「あしなや」のそばに〈あさくさ〉という食堂がある。ここもとても気になっていた。たまたま鎌倉に行く用事ができたので食べていこう。夕方の6時くらいに店に入ると、「いらっしゃいませ。奥のほうが暖まっていますよ」と、とてもうれしいお店の人の一言。この日は寒かったからね。ただ、奥の方にはたばこを吸っている人たちがいたので、手前に座らせてもらう。何を食べようか考えたが、ワンコインランチ（500円）というのがある。今日は「焼ねぎと生姜の鶏そばとおろし納豆丼」。いいねえ、これだなと注文する。店内はいいあんばいにクラシックで落ち着く感じ。

ちょっとお手洗いに行って帰ってくるとランチが登場。「納豆丼には味がついています」とのこと。おおこれはスゴイ充実ぶり。麺は器は小さめだけど、たっぷり

鶏そばもおいしかった！

入っているな。焼いたネギ、大きな鶏肉、海苔、刻んだ三つ葉が載っている。この豊富な具をひっくり返してスープからいただこう。滋養のある塩スープ。これは味わい深い。麺も食べちゃおう。いやあおいしいね。

続けて納豆丼。納豆、大根おろし、けずり節、ネギが載っているので、ワシワシとまぜて食べる。四国出身なので納豆は苦手だったけど、今は食べられるし、これだけ「お助け具材」があれば、そりゃとてもおいしいですよ。食べているとなんだか元気になってきたぞ。途中で麺に戻り鶏肉を食べる。大きな鶏肉が2切れ入っていて、やわらかくておいしい。焼きネギもこれまた

やわらかくていいネギだ。食べていると、店の人が「おまけです」と昆布の煮たものをくれた（写真には写っていません。後で聞いたらダシをとった後のもので、時々もらえるようです）。いやあこれはいい店だ。

満足して会計をしつつ伺うと、ここは大正13（１９２４）年創業の老舗。「風邪をひいている方が多いので、今日はネギを入れた鶏そばにしました」とのこと。客への思いやりが温かいなと感動する。ちなみに、このワンコインランチはいつもあるそうです。（２０１４年2月16日）

★あさくさ食堂
鎌倉市小町１－４－13
☎0467(22)0660
鎌倉駅東口徒歩１分。火曜休み。

＊追記　２０１４年7月現在、ワンコインランチの値段は変わらず。

196

充実のセット 量もたっぷり 大満足の中華

中華料理 香蘭

「梅蘭焼きそば」で有名な横浜中華街の梅蘭の創始者の娘さんが二俣川で中華料理店をやっていると聞いた。地元の知人に聞くと「そりゃもう、べらぼうにうまいですよ！　わが家の愛用の店ですよ！」と。へえ、これはぜひ行かないとな。たまたま、休日に二俣川に行く用事があったので、そのついでに訪れることにする。二俣川駅を北口に出て運転免許場に向かってテクテク10分ほど歩いているとありましたよ、〈香蘭〉。昼の11時すぎとちょっと早かったけど、開店していてよかったよ。

表の黒板で確認すると、休日だけど「おすすめセットメニュー」があり、これを食べようと入店。店内はそれほど広くはない。奥のテーブル席に座る。どのセットにしようかと思ったが、(1) 牛バラチャーハンと杏仁豆腐８９０円が良さそうだったのでこれにしよう。出てきたお茶（おいしい中国茶！）をいただきつつテレビを

郊外の街で宮本武蔵に突然出会ったようなうまさ（よくわからない表現だが）

見てしばし待つ。厨房から炒めているいい音が聞こえてきて、その音が止まったところで登場。こりゃなんともカッコいい！　まずはスープから。「うまみキック力」の強い醤油系スープ。うめえ。

続けて牛バラチャーハン。玉子チャーハンに牛バラがかかっている。まずは玉子チャーハンの部分から。…驚いた。ごはんパラリ系のものすごくハイレベルのチャーハン！　これだけ食べてもスゴクいい！　続けて牛バラ部分。青梗菜（チンゲンサイ）とキクラゲ、そして牛バラ肉。「あん」の具合もよく、青梗菜もシャキシャキ、そして牛バラがとてもよく煮込まれていて、最高だ！　そして何よりも量がたっぷりと

あってうれしい。全部食べられるかなあと最初は思ったけど、夢中になってあっという間に食べてしまう。

かくして満足のうちに食べ終え、食後の杏仁豆腐をいただく。これがあなた、ミルクっぽくない、ちょい固めのまさに杏仁的な杏仁！　こういう杏仁がタダシイ杏仁なのだ！（まあミルクっぽいのも好きだけど）いやあ、大満足だ。ぜひとも今度は別のものも食べてみようと思って、店を後にしたのだった。（２０１４年３月２日）

＊追記　２０１４年７月現在、牛バラチャーハンと杏仁豆腐のセットの値段は変わらず。この牛バラは本当にレベルが高かった。

★中華料理 香蘭
横浜市旭区中沢１－47－16
☎045(392)1312
相鉄線二俣川駅から徒歩10分。木曜休み。

197 野菜たっぷり お好み焼き おかず力抜群
ぐぁんばる亭

朝起きたときから、「ソース欲求ランプ」が点滅していた。こういうときがあるんだな。よし今日は横浜市営地下鉄で移動するから、弘明寺の〈ぐぁんばる亭〉の広島風お好み焼きにチャレンジだ。ということで、11時30分くらいに地下鉄を弘明寺で降り、商店街に入ってすぐに右に曲がる。以前紹介したうどんの伊之助の隣ですね。よし今日はやっている！この店では関東ではとても貴重な「お好み焼きランチ」を食べることができるのだった。

表でメニューを見るとランチに「お好み焼きランチ　８９５円」があるね。今日はチーズ、コーン、うどんが入っている。入店すると結構な混雑。１人なのでカウンターに座る。これは焼けていくお好み焼きをライブで見られる特等席ですね。座ってすぐ注文。デザートかドリンクが付くそうなので、アイスコーヒーを先にもらう。

写真じゃわかりにくいけど、これはとても充実した定食でしたよ。
うまいよ、お好み焼きとご飯は！

ご飯もおかわりできるそうで、なんと幸せな定食だろうか。

…とか思っていると、おかみさんが「お好み焼きは鉄板で食べますか？　お皿で食べますか？」と聞いてくれたので、「そりゃもう鉄板で」とお願いする。

見る見る間に目の前で焼けていき、お好み焼きが登場。続けてご飯も登場。おかず力を高めるためにソース（当然オタフクソース）をかける。まずは一切れ目をパクリ。キャベツ、モヤシとともにコーンのプチプチ感、チーズのとろーり感もまじり、ものすごいおいしさ。あっ、お肉も入っています。こりゃたまりませんとご飯を食べるとすごいおかず力。特に広島風お好み焼きはキャベツやモヤシなど野菜の含有量が高いので栄養バランスもバッチリなんだよね。

それにしても米もふっくらとおいしくてどんどんご飯がなくなっていく。つい「こりゃダメだ」と独り言。目の前で、はっとした顔でおかみさんが私の顔を見た。「うますぎてご飯がなくなってしまい、運用計画がダメだ。おかわりください！」と言うと、おかみさんはにっこり笑ってお茶わんを受け取ってくれたのだった。ちなみにランチは月〜土曜です（日曜・祝日はなし）。（2014年3月16日）

＊追記　2014年7月現在、ランチは日によって値段は変動。素材、料理によって変わるからだそうです。それにしてもおいしい広島風お好み焼きだった。ちなみに電話番号はパクパク（8989）です。

★ぐぁんばる亭
横浜市南区通町４－115
☎045(742)8989
横浜市営地下鉄弘明寺駅から徒歩１分。水曜と第１火曜が休み。

198 甘めのタレでおいしい焼き肉ご飯どんどん

慶州苑　菊名店

疲れ気味だ。ちょっと元気を出そうと思い、菊名駅そばにある〈慶州苑〉で焼き肉を食べていくこととしよう。ここは新横浜にも店があるんだよね。新横浜店にも行くけど、こちらの菊名店には長年通っているのだった。さて、13時すぎに訪れると、まだ店内はほぼ満員状態。菊名の人々に深く愛されている店なのだ。奥の方のテーブルが空いたので、そこに座らせてもらい、背後にある扉つきの棚にコートをしまう。焼き肉屋は衣服ににおいがつかないようにいろんな仕組みがありますね。あらためてランチのメニューを見る。何にしようかなと思ったが、やはり直球の焼き肉定食にしよう。８００円。

注文して、出てきた冷たいお茶を飲みつつ待っていると、わりと素早く定食が登場。肉、サラダ、モヤシナムル、スープ、そしてご飯だ。店の人がロースターに火

さあ、焼くぞ！

をつけてくれて、それと同時に私の食欲にも火がついたぞ（笑）。

さあ、焼こう！　肉はタレに漬けこんでいるタイプで、どんどんロースターの上に載せていく。焼けている間に小皿にタレと辛味をセットして、まずはスープをいただく。ワカメとごまだけのスープかと思ったら、肉片が入っていて、スープのコクを高めている。うまいなあ。…肉は焼けるまでにもう少し時間がかかるので、モヤシのナムルでご飯を食べる。この店、やや硬めに炊いたご飯がとてもおいしいんだよね。

おっ、肉が焼けてきた。急に焼けてくるから油断ができないのだ。とりあえず、ロースターからタレのところに移す。このままハフハフと食べたいところだが、私は猫舌なので、少しばかりタレのところで冷まして食べる。やわらかくてとても良い肉。ちょいと甘めのタレと良い肉の組み合わせは、もうご飯どんどんいらっしゃいという感じで、バリバリと食べちゃいますねえ。かくしてご飯はどんどん減り、肉はどんどん焼ける。うーむ、我慢できない。「すみませーん！

おかわりください！　大盛りで」と店の人にご飯のおかわりをもらったのだった。あっ、おかわりはサービスなのです。（2014年3月30日）

＊追記　2014年7月現在、ランチの焼き肉定食は850円に。ちなみに、JR菊名駅のホームで夜横浜線を待っていると、慶州苑から香ばしい焼肉の匂いが漂ってきて、たまらないのであった。

★慶州苑　菊名店
横浜市港北区篠原北1－1－2
☎045（402）1387
菊名駅から徒歩1分。無休。

199 畑から直送 田舎の親戚のごちそう気分

阿部商店

小机にステキな定食のお店があると聞いた。ただ駅から1キロちょっとある。たまにはいいかとJR小机駅を北口で降り、鴨居に向かって歩く。このあたりは旧家が多いな。途中で道が細くなり、いきなり山になるが構わず登って行くと、おお見晴らしがいい。東に日産スタジアム、南にJR横浜線、双方が見えるな。登りきった後は草むらを抜けて下りて行くと今度は鶴見川が見えてくる。いやあ、ハイキングみたいで楽しいな（笑）。

山を下りてしばらく歩き、鶴見川にかかる橋を渡って右折すると目的の〈阿部商店〉が見えてきたのだった。まさにリバーサイド。土手を下ると駄菓子屋も併設しているのがわかった。テラス席もあるけど、ちょっと肌寒かったので店で食べようと反対側の入り口から入る。土曜の11時30分だったので店はまだすいている。定食

すごく豪華な「親戚の家」の食事！

は日替わりで840円。肉か魚を選べるので肉で。ただ何が出てくるかはお楽しみ。出てきたお茶をいただきつつしばし待つ。お手洗いは外だそうで、店からいったん出ると奥に母屋がある。なんだか田舎の親戚の家に来たようだよ。

戻ってくると定食登場。ものすごい充実ぶり。野菜は畑で取れたものが中心だそうだ。まず味噌汁から。大好きなアサリの味噌汁。甘めの味噌でおいしい。続けて豚肉の常夜鍋。ポン酢、ネギ、大根おろしなどの薬味を入れて準備完了。豚肉のパワーとホウレン草の野菜力でおかず力全開！　ホウレン草が小気味よい硬さで味わい深い（取れたて）。

続けて隣の里芋とベーコンの煮物に着手。甘めに煮てありホコホコうまい。野菜がおいしいなあ。白菜と小松菜の浅漬けも同様。それを受け止めるお米もとてもいい感じ。親戚の家でごちそうをいただいている感じです（笑）。かくして食べ終えて、デザートとしてトマト、イチゴ、アイスプラントのサラダを食べる。ぷりぷりトマトと甘酸っぱいイチゴに岩塩がかかり、アイスプラントの歯ごたえも楽しく実においしい組み合わせ。大満足！　おかみさんに伺うと、季節ごとに取れる野菜を出しているとのこと。またぜひ来ます！（２０１４年４月13日）

＊追記　２０１４年７月現在、値段は変わらず。「みなさん、サイフが風邪をひくといけないから」とやさしいおかみさん。取材後、おかみさんから時折電話がかかってきて「野菜がとれたからおいで」と。本当に親戚みたいだ（笑）。ありがとうございます。

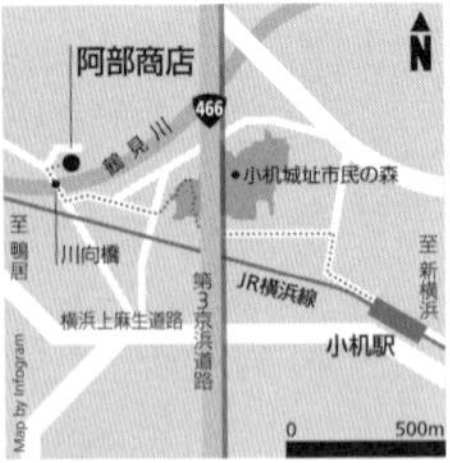

★阿部商店
横浜市都筑区川向町356
☎045（471）8519
ＪＲ横浜線小机駅から徒歩20分。水曜休み（祝日除く）。

200 力強いレバカツ ぷりぷりホタテ うれしいセット

コトブキ

この連載もいよいよ200回目。ゆえに記念の店に行こう。やはりイセザキの〈コトブキ〉ですな。私の定番、イセザキフラフラ歩きの中でごはんを食べている場所ですね。昔は日劇（今はない）のそばにあったね。ということで、土曜の11時30分に店を訪れる。この時間はまだ客が少ない。とりあえず空いているテーブル席に座る。店内にはゆるやかにAMラジオが流れている。

ここで食べるものはいつも大体決まっている。肉系と魚系を組み合わせるサービスメニューがあるのだ。1080円とやや値が張るがとてもおいしい。ちなみに肉系はミニバーグ、ミニカツ、ベーコンエッグ、レバカツのなかから、魚系は魚フライ、ホタテフライ、カキフライ（冬季のみ、＋108円）の中から選ぶ。私はいつもレバカツとホタテフライだ。

レバカツは元気出るよ！

注文して水を飲みつつ待つ。この待っている時間がドキドキするなあ。ちなみに平日はランチもあるんだよなと思っているとセット登場。相変わらずカッコいい。大きなレバカツ、ホタテフライ2個、そしてマヨネーズ、ケチャップマカロニ、そしてデザートとしてグレープフルーツとオレンジのカットがついている。まず味噌汁から。シジミだ。飲んだ瞬間、「～ああ、おいしい」とつぶやいてしまう味わいです。洋食屋の味噌汁はうれしいね。

ではレバカツ。左から2番目のピースから食べよう。やわらかいレバーをザクッと揚げ、その上にデミグラスソースがかかっていて素晴らしい。全身に力が満ちてくる

ようだ。それではもう一方の主役であるホタテ。マヨネーズを塗り塗り食べると、ぷりぷりホタテを揚げたことでうまさ倍増。たまりませんと思いつつ、盛りのいいライスを食べたのであった。

…さて、問題はこの後の展開。カツが多めなので、カツをおかずの中心にご飯を食べ進める。ご飯が終わった後にキャベツ、そしてマカロニを食べ、もう1つのホタテを食べ、デザートとしてグレープフルーツとオレンジを食べようと運営計画を立てたのであった（当然、完璧に運営した！）。（2014年4月27日）

＊追記　2014年7月現在、サービスメニュー1080円もカキフライ＋108円も変わらず。「新聞見たよと反響がありました」とお店からうれしい声をいただきました。また行きます！　なぎさ書房の後はここだからね。

★コトブキ
横浜市中区伊勢佐木町5－129－9
☎045(251)6316
京急線黄金町駅か横浜市営地下鉄阪東橋駅から徒歩7分。無休。

馬車道のディスクユニオンと「メリーさん」たち　column3

あれは1988年、大学3年の頃だ。当時は上永谷で週に4日ほどアルバイトをしていたため、住んでいた天王町から横浜駅の相鉄線の定期と、大学の最寄りの地下鉄三ツ沢下町から上永谷の定期を持つようになった。そのため、途中の駅で降りることができるようになり、行動範囲が格段に広がったのだ。

特によく降りるようになったのが関内だった。当時は横浜中華街研究を推進していたためもあったが（その成果は『土曜の昼は中華街』（神奈川新聞社刊）に結実しました）、魅力的な古本屋や書店、レコード屋がこの駅を基点としてたくさんあったのだ。

関内駅の海に向かった方は会社や役所の多いゾーンで、横浜開港の歴史を感じさせる建物が多い。馬車道は名前の通り、文明開化の匂いのする通り名だが、ここにディスクユニオンがある。ここはロック、ポップス、オールディズ、クラシック、そしてジャズの新盤、中古盤がたっぷりとあり、値段も適切もしくは安く、とても素晴らしい店だった。また今で言う「フライヤー」と呼ばれる無料の音楽関係のチラシなども多数あり、それをもらうのも楽しみだった。

その時期はアルバイトの成果もあり、レコードもCDも聞けるようオーディオも整えたために、このディスクユニオンに行く頻度はあがった。さらに、ディスクユニオンの斜め前にはドトールコーヒーがあった。ここは1階がカウンター、2階は

テーブル席中心だが、窓際にカウンターがあり、そこの居心地は抜群だった。ドトールのおいしいカフェラテを飲みつつ、先ほど買ってきたCDのライナーノーツやもらったチラシなどを読んでいるときは至福の時間であった。当時は喫茶店にはあまり入らなかったが、この馬車道のドトールと元町のドトールは別格であった。

そして、ディスクユニオンでCDを買って、前のドトールに入ろうとするとき、頻繁に「白い女の人」に会った。小柄な女性で、まるで舞台に出演するかのように顔を真っ白に塗っている。服装は黒いコートなどシックで高価そうな格好が多い。和装もあったな。ディスクユニオンの前にベンチがあるのだが、そこに座っているか、ディスクユニオンのトイレで会うこともあった。

そう、彼女こそが、「メリーさん」であった。米軍の「オンリーさん」（愛人）だとか、山手の豪邸に住んでいるとかいろいろな伝説があったが、何よりもスゴいのは、そんな「メリーさん」を横浜が受け入れていることだった。最初に会った時はギョッとするが、周りの人々は驚いた風でもない。

実はこれが横浜の美風で、変わった人を受け入れる土壌があるのだ。「メリーさん」については、２００５年制作の「ヨコハマメリー」というドキュメント映画が作られたが（監督：中村高寛　名作！）、それを見ると横浜の人々がメリーさんを物心ともにサポートしていたことがよくわかった。

また、横浜には戦後「ラバウルおばさん」というマンドリンを掲げたおばさんがいた。目の見えないこのおばさんはラバウル小唄の「サラバ、ラバウル」という最初のフレーズしか歌わないので、そう呼ばれるようになった。横浜市の雑誌「市民グラフヨコハマ」の1971年8月のVOL.2で、この「ラバウルおばさん」が掲載されていたのを見たが、かなり有名なおばさんだったらしい。「ペンペンばあさん」とも呼ばれていたとも義父からも聞いた。さらにだ。南区八幡町の喫茶店「カメヤ」のおかみさんによると、このラバウルおばさんは、三吉橋に住んでいて、世話をしている連れ合いがいたそうだ。これは神奈川新聞連載の「私の好きな喫茶店」で同店を訪れたときに伺った。いやあ、物事がわかっていくって楽しいですね。

さらに、私が大学生の頃には、関内駅の路上に机を出してずっと軍事小説を書き続けている浮浪者、桜木町の駅前で古雑誌を売りつつ貼り絵の制作を続ける「画家」(桜木町の山下清こと井上さん)」もいた(『畸人さんといっしょ』に収録)。そんな彼らを横浜の人たちはそっとしているか、時折差し入れをしたりして温かく見守っていた。

…このように横浜は変わった人たちにとてもやさしい。後になって、私は独自の主張を持つ畸人研究学会を主宰することになるが、それは私が横浜の地で過ごしたことにも由来している。

いずれにしても、この「横浜の懐の深さ」はずっと守られていって欲しいと切に思う。

番外編

それぞれそばを注文してカウンター前で味わう（左から）鈴木弘毅さん、原武史さん、今柊二さん、笠原成元さん＝ＪＲ桜木町駅構内の「川村屋」

特別座談会　川村屋にて

テーマ「**駅そば**」

■２０１２年12月30日付神奈川新聞掲載

北風の強い乗換駅、つゆの香りがどこからともなく漂ってきて、気が付いたらのれんをくぐっていた…という経験、誰にもあるでしょう。そう、冬は駅そばの季節なのです。7回目を迎えた年末恒例の「かながわ定食紀行」の特別座談会、本年は「駅そば」をテーマに放談いたしました。今柊二さんが呼び掛けて集まったのは、鉄道文化に造詣の深い原武史さん、駅そばの著書のある鈴木弘毅さん、そして桜木町駅「川村屋」の笠原成元さん。まずは全員でそばをすすってから、思い入れたっぷりに話を始めたのでした―。

※司会は、鉄道をこよなく愛する神奈川新聞文化部記者・斉藤大起が務めました。

満足感たっぷりのつゆ

斉藤　ごちそうさまでした、おいしいそばを。店内に貼ってありましたが、つゆにこだわっているんですね。

笠原　１９９０年に今の店に移ったのですが、その準備段階で、どう満足感を与えるか、研究しました。決まった金額の範囲で作らなきゃいけない中で試行錯誤した結果、おつゆで全体の味ががらりと変わることに気づいたんです。通常のそば屋さんは麺に目が行くと思うんですが。

斉藤　おつゆで満足感を味わってもらおうという。

笠原　そうです。それから、だしの取り方とか絞り方だとか、ゆでそばをゆでてお湯を切ったときにどれだけお湯が残るとか、いろんなことを確認して。いいにおいを出すのは天然だしです。次に、それをどう維持するか、どう簡単に作るか。今日入った店員も同じ味を出せるように。店員には毎日毎日、食べてもらっています。じゃないと味の変化が分からないから。

斉藤　以前も「川村屋」のそばが好きだと話していた原さん、味はいかがでしたか。

原　なんとなく、前に食べたときよりも進化している感じです。汁に力を入れているっておっしゃいましたけど、確かに駅そばっていうのは街のそば屋とどこが一番違うかというと、街のそば屋はざるが主体だと思うんですが、駅はかけですよね。当然それだけ汁の比重が高いわけで、もっと言っちゃうと多少そばがおいしくなくてもですね、汁がうまければそれを補って余りあるという。

笠原　確かにそうですね。

原　「川村屋」は、つゆもそばも非常にオリ

笠原　成元さん

ジナリティーが高く、ここにしかない味だなと、あらためて感じましたね。これが桜木町の味なんだという。ほかの駅にはない桜木町のアイデンティティー。

笠原　鈴木さんの本に、訪ねる店ごとに街が見えるという記述があるんですが、やっぱりうちは桜木町なんです。街を感じられるようなおそば屋でありたいと思っています。

斉藤　それは客としてはすごくうれしい言葉ですよ。

今　桜木町は、JRを降りて正面に出て、バスか地下鉄に乗り換える中継ぎの地点ですよね。中継ぎの地点というのは、食べ物がおいしいというのが往々にしてあって。「ここで休憩して次に闘いに行くぞ」という所なので。エネルギー補給するみたいな。

鈴木　私も、とにかくつゆがおいしかったんですよ。食べてるときだけでなく、駅を出てもまだ余韻が残っている。あと、お店に入った瞬間の香りですよね。ちょっとこれ反則だなあと（笑）。おなか減ってなくても食べないわけにいかない、そういう雰囲気を持ってると思いました。

うまくなくてもいい！

斉藤　ここに来たなあっていう記憶とつながっている駅そばはありますか。

今　津駅（三重県、紀勢本線）の「汽笛亭」！あの伊勢うどんはすごい。

鈴木　うどんといえばコシが命なのに、あえてそのコシをなくしているという（笑）。僕にとっては、普通そばに入れない物が当たり前に入っているのが印象深いです。例えば、鳥取駅のホームの店は、かけそばにトビウオのちくわが2つ入ってくる。閉店してしまいましたが、宮崎の駅そばには、全部のメニューにシイタケが載ってました。

斉藤　鳥栖駅（佐賀県、鹿児島・長崎本線）の駅そばには、かしわ（鶏肉）が必ず入ってますよね。

鈴木　かけそばというメニューがなく、そばといえば「かしわそば」ですよね。

斉藤　原さんは、場所を実感する思い出はありますか。

原　最近はチェーン店化が進んであんまりそういうのはないんですが、一番強烈な思い出は、1977（昭和52）年ごろの大阪です。急行紀州というディーゼル列車に乗って紀伊半島を一周して天王寺駅まで来たとき、ちょうど夕方でラッシュ時でしたが、人が集まっている一角があって、もうもうと湯気が上がっている。なんだと思ったら、うどんなんですよ。店舗もなく露店なんです。釜みたいなのがあって、どんどんうどんがゆで上がって、お客はその辺で食べている。通勤客と入り乱れて。大阪のエネルギーを感じましたね。味もさることながら、構えが違ったんです、昔は。今はどんどん画一化してきてるんじゃないかなっていう気がします。

斉藤　シチュエーションですよね。紀行作家の故・宮脇俊三さんは、米原駅（滋賀県、東海道・北陸本線）に着くと空腹でもないのにそばを食べたくなると書いていました。

原　それはありますよね。小淵沢（山梨県、中央本線）は「丸政」がホームに構えている

原　武史さん

けど、あそこは要するに空気でしょ、高原の空気と南アルプスがホームから見えて。

斉藤　こういう話をするのは甚だ恐縮ですが、その駅を通るたびに食べてしまうけれど、そんなにうまくない、という駅そばもあるんです。ある北のターミナル駅とか。でもまた食べてしまう…。

原　活字にできないでしょう、強烈にまずい駅の思い出って結構あるんだけど（笑）。

斉藤　旅先での貴重な食事なのに何だこれは、と記憶に残っている。それは別に悪いことではないんじゃないか、と思います。

原　まずいっていうのとは違うけれど、山陽本線の姫路駅は、最初食べたとき「すごい、こんなものがあるんだ」って思いました。

今　中華麺なんですよね。日持ちさせるためだという…。

斉藤　一喜一憂も含めて記憶になっている。とはいえ、最近は外れが少なくなったでしょうか。

今　ものすごい当たりも、ものすごい外れもないような世界になりつつありますよね。そういえば、かつての西○△□駅のまずさは尋常でなかった。

原　それ僕も共感するんだけど（笑）、あの線って概してまずくない？

今　だしの味がしないんです。これ、ただの醤油だろ、みたいな（笑）。

乗換駅は洗練される

斉藤　逆に、間違いなくうまいと言えるのはどこでしょうか。

鈴木　僕は音威子府（おといねっぷ）駅（北海道、宗谷本線）です。誰が食べてもおいしいと思います。

笠原　何が違うんですか。

鈴木　麺とつゆ、両方がおいしいんです。麺は見てすぐ分かりますが、真っ黒で、イカスミが入ってるんじゃないかというぐらいの黒さで。食べると香りがものすごく強い。（100キロ以上離れた）旭川あたりから、わざわざ食べに来る人もいるそうです。

斉藤　駅そばが地域に人を呼ぶということもあるんですね。

鈴木　ええ。兵庫県の小野町駅（加古川線）では、町おこしのために無人駅に店をつくり、手打ちそばを出しています。新潟県の田上駅（信越本線）、山形県の村山駅（奥羽本線）にも観光協会がやっている店があります。

斉藤　そもそも、そばと駅の親和性というのは、どういうところにあるんでしょう。

今　やっぱり即応性というんですかね、すぐ食べてすぐ行けるという。藤沢駅（東海道本線）のようにホームの階段下にあると、待ってる間に瞬間的に食べられるんで。

原　駅そばの男性的なイメージも変わってきましたね。例えば東急線の「しぶそば」。

今 柊二さん

今　「女子化」してますよね。

笠原　うちも最近、女性のお客さまがすごいですよ。この2、3年ぐらい、おひとりで来る方が増えました。もともと、食べているのを見られても恥ずかしくない店をコンセプトにやっていますから。

今　素晴らしいですね。

笠原　うまいから食べに来てると思われたい。丼は陶器、コップもガラスでプラスチックではありません。

斉藤　東急の「しぶそば」の話が出ましたが、私鉄ではどこの駅そばが好きですか。

今　僕は「箱根そば」ですね。

原　「箱根そば」は駅によって味が違いませんか。

今　すごく違います。

鈴木　神奈川と東京とでだいぶ違いますね。

今　南林間、あと今はなくなっちゃったけど下北沢がいいです。乗換駅は洗練されますね。数をこなすうちに熟達するんでしょうか。

鈴木　いろんな業者を取材しましたが、入って20年の人が作る物と、入って半年の人が作るのでは味が違うと。

原　最近ショックだったのは、所沢駅（西武新宿・池袋線）のね、「狭山そば」が消えたでしょう。あれは西武ならではの風景というかね、（混み合っていて）カウンターに丼を置けない人たちが丼を持ちながらホームで食べている。そこだけ一つの世界ができちゃってるというか。

場所の記憶と結びつく

斉藤　核心に触れる話ですが、原さんにぜひ伺いたいのは、最近の首都圏の駅そば文化についてでして…。

原　ああ、ねえ。のれんは違うけれど、中身は同じになってきているじゃないですか。（味や経営の）統制がどんどん進んでいますね。

斉藤　鉄道周辺の民間業者が食文化を担ってきたウエートは非常に大きいと思います。駅弁とか駅そばとか。今は駅ナカでコンビニ弁当が売られていますが、地域性も顧みられなきゃいけないですよね。

今　だから、僕は駅の外も愛さなきゃいけないと思っていて。駅ナカをつくってもいいんだけど「駅ソト」を取り込む形にしないとまずいんじゃないかなと思いますね。

鈴木 弘毅さん

斉藤　東海エリアに入ると、結構緩い雰囲気が残っています。沼津や富士、静岡と地元の業者が頑張っています。

鈴木　地元ですね。

原　１９９７（平成9）、９８年ごろに静岡に非常勤で通っていたことがあって、そのころ東海道本線の途中で結構、駅そばを食べてたんです。結構違うんですよ。まず三島でネギが（青ネギに）変わり、清水できしめんが出てくるんです。

斉藤　原さんにとって、駅そば体験の原点といえばどこでしょうか。

原　小学生のとき、立川駅で食べた「中村亭」の月見そば。あとは、中学で東急東横線沿線の学校に入ったので「田園そば」（自由が丘、武蔵小杉、日吉、溝の口駅）です。「田園そば」がごちそうだったんだけど、友達が小田急沿線に住んでいて、たまに「箱根そば」を食べるんですよ、すると確かにうまいんです、どうみても「田園そば」より。で、中学生だからあまりお金がないじゃないですか。天ぷらそばはちょっとぜいたくなんですよ（笑）。だけど、かけはちょっといくらなんでも寂しすぎると。で、中間のたぬきそばっていう…。

今　学芸大学駅にもありましたね。あの油の強い天ぷらそばの店ですよ。

斉藤　土地の記憶と結びついた味というのは、すごく重要なアイテムですよね。

笠原　かつて横浜で働いたけれど転勤されて、それから何十年ぶりかで来て「ああ、まだある」って言ってくれたお客さんもいましたよ。

今　「まだある」ことはすっごい大事なんですよ！

原　武史（はら・たけし）さん■政治学者、明治学院大教授。1962年東京生まれ。専門は日本政治思想史だが、鉄道と歴史の関係をめぐる論考も多い。主著に「昭和天皇」「可視化された帝国」など。近著に「団地の空間政治学」「レッドアローとスターハウス」。

鈴木弘毅（すずき・ひろき）さん■トラベルライター。1973年埼玉県生まれ。中央大卒。駅そばを筆頭に、旅から派生するさまざまなB級要素を研究し、独自の旅のスタイルを提唱する。著書に「『駅そば』読本」「ご当地『駅そば』劇場」（いずれも交通新聞社）がある。

笠原成元（かさはら・しげもと）さん■「川村屋」社長。1953年横浜市生まれ。慶応大経済学部卒業。大手商社勤務を経て、88年に有限会社「川村屋」入社。平成初期の桜木町駅改良工事に伴う新店舗開業に関する各種業務を担当。2003年から代表取締役（6代目店主）。

スペシャル対談

●ハングリータイガー社長

今柊二×井上修一

定番のハンバーグを前に話が弾む、井上修一社長（右）と著者
＝ハングリータイガー保土ケ谷店

井上修一（いのうえ・しゅういち）
株式会社ハングリータイガー代表取締役。1942年生まれ。青山学院大卒。米国でレストラン経営学を学び、1969年に横浜・保土ケ谷にハングリータイガー１号店を開店。日本フードサービス協会会長など歴任。

※敬称略

今柊二×井上修一

日曜連載「かながわ定食紀行」の恒例年末座談会。２０１３年の締めを飾るのは、横浜発祥のステーキとハンバーグ店「ハングリータイガー」創業者の井上修一さんとの対談です。定食を愛する今柊二さんが、日本におけるファミリーレストランの先駆けとして敬愛する「ハングリータイガー」。その１号店である保土ケ谷店で、ランチのオリジナルハンバーグを堪能しつつ、肉食文化やハンバーグへの思い、外食のあり方を語り合いました。

■２０１３年12月22日付神奈川新聞より

アメリカ文化に憧れ

今　今日はお会いできてすっごくうれしいです。まず、もともと井上社長はどちらで…。

井上　生まれは茅ケ崎ですが、父母が商売を始めるっていうんで、小学生の時に横浜・六角橋に引っ越しまして、精肉店を開業しました。その長男坊です。

今　そうなんですか。僕ずっと、近くの斎藤分町に住んでいたんです。5年ぐらい。

井上　あのあたりは高級住宅街ですよね。

今　ははは。著書「牛肉を食べる」を拝読すると、小さいころからお肉をよく食べられて。

井上　肉屋ですから、ご飯といえば三度三度肉。いまだに肉が大好きです。魚はめったに食べません。

今　子どもの時から、食文化などアメリカ文化にはよく触れてらっしゃったんですか？

井上　まあ映画ですよね。西部劇などをよく見まして、カウボーイとか牧場主になりたいな、と思っていました。

今　中学から青山学院に入られたんですよね。英語に力を入れる学校ですが、ここでもアメリカ文化の影響を受けた？

井上　そういう意識はなかったんですけど、高校卒業間際になって、自分は将来何をやろうかって。父母の店はすごくはやっていたんですが、どうも小売業に憧れを感じなかった。購入された方の手応えを、なかなか目の前で見られないでしょう。それに大資本にはかなわないとも思いました。父は少年時代、肉屋にでっちに出され、厳しい修業で技術を身に付けました。肉を切るのも、さばくのも、ほれぼれするようでしたが、僕にはとてもできない。

今　それで外食を…。

井上　僕の高校の友人に老舗のすき焼き屋の息子がいましてね。そこで米国のレストランのことを調べると、日本よりはるかに進んでいて、チェーン店もあった。そういう勉強をしたいなと思い、大学卒業後に米国の2年制大学でレストランの経営学を学んだんです。

今　月並みな言葉ですが、カルチャーショックは？

井上　それはもう、すごいものでした。海が好きだったので客船で2週間かけて行ったのですが、途中のハワイの夜景、そしてロサンゼルスの高層ビルの夜景。消費文化で食べ物も無尽蔵に何でもかんでも出てくる。庶民も豊かで大きな車に乗って。よくこんな国と戦争したもんだ、と思いました（笑）。

今　米国のようなチェーン店にしようと思われた？

井上　卒業するとき、ロサンゼルスで外食をやらないか、と誘われましたが、早く日本に帰って自分のお店をやりたかった。そもそも人生のテーマは、商売よりも牧場ですから（笑）。

今　西部劇なんですね。

井上　やみくもに企業を大きくすることについてはほとんど興味がなかった。神奈川の人口の1％でも来てくれれば、何とかやっていけるのかな、という程度のスタートでした。

付け合わせは不変！

今　この場所（保土ケ谷）に店を出した時、まだ車社会ではなかったでしょう。

井上　当時は道路一本しかなくて、それも舗装してなくてドロドロで。雨が降ると、従業員がみんな長靴を履いて車を押すんです。そのうち遠くからお客さまが来るようになるんですが、時たま下から大きな声がする。「おー

ハングリータイガー保土ケ谷店は横浜新道を見下ろす場所にある

い、おまえのところへはどうやって行けばいいんだ」と（笑）。

今　店のコンセプトは。

井上　最初の建物はアメリカの農場の納屋をイメージして、ログハウス風の丸太を使いました。メニューは私が小さいころから食べていた肉で、基本的にはハンバーグ。牛のひき肉をラグビーボール形にして炭火で焼くというのは、まさに中学高校時代に食べていたものです。

今　実感としておいしいと分かっていたんですね。

井上　そうです。これはおいしい、たっぷり食べられると分かっていたので。

今　ハングリータイガーというと、焼く場面が見られる「ライブ感」ですが、これも社長のお考えですか。

井上　はい。とにかく炭火を強調して、鉄板を熱くしてジュージューと。ラグビーボール形の牛肉は、そのままだと中に火が回らないので、2つに割って焼くのですが、これもパフォーマンスの1つです。お客さまにナプキンで油をよけてもらうのもそうですね。

今　「儀式」ですよね。圧倒されるんですよ、すべての文化に（笑）。

井上　44年前ですからね。

今　恐ろしいですよ！　初期のファミリーレストランって、大手も含めてテーマパークなんです。普段と全く違う食べ物が、違う空間で食べられるという。

井上　もう3世代ですからね、44年というと。幼少期に食べたイメージが印象に残っているので、実はハンバーグの付け合わせは当時と同じなんです。変えると文句が出るので（笑）。

今　子どものころと同じものを大人になっても食べられるのは、幸せなことですよ。僕は今46歳、子どももいる。何が幸せかというと、子どもを連れてきて「おいしい」と食べる姿を見ていることです。自分がおいしいことより幸せかも。

炭焼き台でハンバーグを焼く様子が、
客席からガラス越しに見える

井上　今では隠れ家的な場所ですが、昔はよくモーテルだと間違えられた。

今　でも、リピート率は高かったのではないですか。

井上　爆発的でした。売り上げが毎日上がるような勢いがありました。

今　高度経済成長期で、オイルショックの手前のところだから良かったんでしょうね。すかいら一くとかロイヤルホストとか、大阪万博以降のファミリーレストランの展開がほぼ一致しているのが面白い。

井上　そうですね、万博でみんな伸びましたよね。

今　食べ物のことを研究していると「誰が始めたか」より「みんながいつ食べ始めたか」が大事だと思います。時代背景がそうさせているのであって、ファミリーレストランという概念も、1970年ごろに条件が満ちて誕生したんです。

井上　国民に外食というものが根付いたんですね、モータリゼーションも。

今　それから、ご飯だけでなく雰囲気も「食べて」いる。日曜日の午後においしいハンバーグを食べた、その時間を買うんですね。

井上　うれしいですね、そういう評価があれば。

おなかいっぱいに

今　牛海綿状脳症（BSE）の問題があったとき、僕も含めて神奈川の人々は悲しんだと思います。

井上　27店舗から3店舗に縮小しました。ハングリータイガーはつぶれるのではと、うわさも飛び交いました。でも応援の手紙が毎日来て、それを社員みんなに読み聞かせて…何度泣かされたことか。心底から応援していただいている、とひしひし感じました。

今　それが当時の奮闘をまとめた本の題名にもなっている、「小さくして強くなった」につながるわけですね。

井上　私たちのこだわりは「ハングリータイガーにおいでになったときは、おなかいっぱい食べてください。ダイエットは家庭でやってください」ということなんです（笑）。女性でも220グラムのハンバーグ2つをペロッと召し上がる。

今　なるほど～。

井上　サービスに関しても、マニュアルよりも接客する人の個性を大事にしています。一生懸命やっているところを見せようとかね。そのためには職場が健全でなければいけない。当社は従業員も禁煙です。アルバイトには高校生もいるので、親御さんが安心して子どもを働きに出せる環境をつくらなければいけないと思っています。

今　お店の造りにも工夫を凝らしていますよね。

井上　レストランは、〝餌を与える〟場所ではないと思うんです。確かに、どの店舗も同じ建物、内装というのは効率がいいのですが、私はロケーションに合わせて建物の設計を全部変えてきました。大チェーンを目指しているわけではないので、そこそこ利益が出て社員に還元できれば…。

今　今も夢はカウボーイ？

井上　そうです！（笑）

今　本場の米国では、どちらかというと赤身の肉が好まれるようですね。

井上　日本の消費者が評価するのはジューシーで柔らかい肉です。もともと日本では、牛肉はだしに使いますね。すき焼きも肉じゃがもそうです。でも、私が追求するのはフレーバー（風味）。このメッセージをもっと伝え

カントリー調のハングリータイガー保土ケ谷店店内

たいですね。

今　粗塩とこしょうだけで食べられるような。

井上　そうです。たくさん食べられて飽きのこない部位です。若いころは1キロぐらい食べていましたよ。

今　おお！

◆ハングリータイガー
1969（昭和44）年、横浜市保土ケ谷区星川に1号店を開店。日本では珍しかった牛肉100％、炭火焼きのラグビーボール形ハンバーグで人気を博し、最盛期で県内に27店舗を数えた。2000年の病原性大腸菌O157食中毒事故、2001年の牛海綿状脳症（BSE）国内発生を受け、業績が悪化。2002年に3店舗に縮小して再出発を図った。現在は2004年開店の日野店のほか、計7店を展開している。

本紙連載「**中華街ホイホイ**」掲載店から

よく晴れた土曜日の朝。休日なのにちょっと早く起きてしまった。朝食を食べ、食後のコーヒーを飲みつつ、今日はどうしようかと考える。特に予定がないのなら、ひとりでのんびり電車に乗って、横浜中華街に行くのはどうだろう？

こんな書き出しで始まる『土曜の昼は中華街』。2009年７月から４年余り、ランチを中心に食べ歩くスタイルで執筆したコラム「中華街ホイホイ」が本になりました。2013年秋以降の未収録分の連載５本を、「かながわ定食紀行」の読者のみなさんに番外編としてご紹介します。

（※価格・メニューは取材時のものです）

◉華正樓　鎌倉店　【平日限定ランチコース】

風格ある建物で最高のひとときを

この前、子どもと鎌倉・長谷の大仏見学に来たら、近くに〈華正樓〉があった。鎌倉にあるのは知っていたが長谷とは。豪華な建物で旧華族の別荘とのこと。へぇと思いその日は帰ったが、未練が残り、再度平日昼間に訪問。玄関で店の人が出迎えてくれる。高級旅館のようで、レストランウエディングもできるという。中に入るとお客さんが多い。建物全体の品の良さと連動し、静かににぎわう感じ。

階段を上り、奥の部屋に案内される。庭が一望できる、素晴らしい。平日限定ランチコースは税・サービス料込みで３４６５円。ひえーと思ったがこの立地、建物、風格ならそうだねと思い直す。お茶を飲みつつ待っていると料理登場。本来なら順に出るが、撮影のためまとめて持ってきてもらう。さらに「ランチコースは2人からなので2人分用意させていただきました」と！　うわあ。なので写真の料理は2人前。以下料理の一言紹介です。

▽三種前菜盛り合わせ…カボチャの高菜のせ（カボチャほっこり）／キュウリの甘酢（大好き）／チャーシュー（食べたとたん、うなるおいしさ）▽鎌倉しらす入り海鮮とろみスープ（しらす、蟹（かに）、貝柱、枝豆、ホウレン草などたっぷり）▽海老（えび）とトマトの炒め（さっぱりトマトとプリプリ海老でシアワセ）▽鶏肉のピリ辛餅包み（もち米のクレープで鶏肉を辛く炒めた物を包む。ナッツも入り、餅もちもち、鶏肉ピリピリ、ナッツカリカリでたまらない）▽季節野菜の炒め（A菜＝レタスの一種＝のニンニク炒め。台北で食べたが、これはとてもやわらかい）▽特製肉まん（王道肉まん！）▽本日のデザート…金木犀（きんもくせい）のシロップのかかった杏仁（アンニン）豆腐（ミルクっぽくない杏仁的な杏仁！

うまい！）…ということで、結局ランチを2人前平らげた私だった（最高においしかったがやや苦しい）。

（2013年10月取材）

★かせいろう　かまくらてん
鎌倉市長谷3－1－14
☎0467(22)0280
無休　江ノ電長谷駅から徒歩5分

◉萬来亭【上海焼きそば】＋東林【ごま団子】

〝宿題〟の2品を食べました

『土曜の昼は中華街』の追加取材の際、「これも食べて！」と各店から〝宿題〟をいくつも頂戴した。時間をかけ順々に片付けていきたいが、今回はどうしても気になった2つを食べます。

まず市場通りの果てのほうにある〈萬来亭（ばんらいてい）〉。「上海焼きそば」が昔の上海の屋台の味で、今は上海でも食べられないそうだ。太麺を茹でてガラスープで煮込み、その上で焼くとのことで、焼きそば好きとしてはどうしても食べたかったのだ。かくして平日の昼間に店を訪ねる。にぎわう店内に入り、空いているテーブルに着席。ランチ600円も食べたいが、我慢して上海焼きそば780円を注文。塩と醤油があるが、醤油にする。水を飲みつつ待っ

ているると、登場。すごいボリューム。お皿いっぱいの太麺の焼きそばだ。「お好みで」と酢と辛味も持ってきてくれた。

食べるぞ。具は青菜と細切り豚肉のみ。太麺のムチムチモチモチがすごい。噛み噛みすると味わいが増すので、カミカミモチモチだ。甘めの醤油味もたまらない。酢と辛味も試したが、私はこのままの方がいいや。黙々と食べ続けて完食。会計時にお姉さんに「おいしかったです」と言うと海鮮平麺炒めもおススメだそうだ。今度食べよう。

…ということで、店を出て今度は関帝廟通りを歩いて〈東林〈とうりん〉〉を目指す。横浜中華学院から太鼓の音がする。昼休みの練習だなと思いつつ通り過ぎ、東林に到着。ドアを開けて店内に入り、テーブル席に座り、お兄さんに「ごま団子」５４０円を注文。これを食べないといけなかったのだ。昼が終わったせいかすいている。お茶を飲みつつ待つと登場。美しい！　雪山が二つあるようだ。白いごま団子の上に薄いピンクの砂糖がかかっている。ごま団子は注文後に作るのだ。
「砂糖をまぶしつつ食べてください」とお兄さん。食べると揚げたてなので熱々でサクリ。そして生地のもっちり、中はなんとピーナツあん（他にもブレンドしているらしい）。コクのあるピーナッツあんと砂糖の素朴な甘さがグッドコンビネーション！「男性でも6〜7個食べる人もいます」とお兄さん。なるほど。なお、このごま団子、薄いブラックコーヒーと食べると個人的にはもっとステキだろうと思いつつお茶を飲んだのだった。

（2013年11月取材）

★ばんらいてい（市場通り）
横浜市中区山下町126
☎045(664)0767
木曜休み（31日と元日休み、2日は営業）
元町・中華街駅から徒歩5分

★とうりん（福建路）
横浜市中区山下町221
☎045(201)8255
火曜休み（29〜31日休み、元日から営業）
JR根岸線石川町駅から徒歩5分

◉興昌【チャーシュー丼セット】＋大三元酒家【自家製饅頭】

冬の宿題はまだ続く

前回に続いて「土曜の昼は中華街」の〝宿題〟編。まずご主人から熱烈な要望のあった、関帝廟通り沿いの〈興昌（こうしょう）〉を訪れる。ここのチャーシュー丼は絶品なので食べねばならないのだ。平日の13時くらいに入店。時間を外したので、わりとすいている。テーブルに着き、ご主人に挨拶し注文。今日はチャーシュー丼とワンタンのセットにしようと思ったら、ワンタンは売り切れだそうだ。残念。また宿題になっちゃったよ（笑）。ということで、ラーメンと組み合わせる。７８０円。

出てきたお茶を飲んでいるとセット登場。チャーシュー丼はネギがたっぷりだ。まずラーメンのおつゆを飲む。ちなみにラーメンに

は味玉子、チャーシュー、ネギが入っている。うむ、相変わらずコクがあっておいしいスープ。続けてチャーシュー丼。食べるとチャーシューはやわらかさと歯ごたえのある肉の中間地点。シャキシャキのネギとタレによって抜群のおかず力を発揮！ こりゃおいしい。ザクザクと食べてしまう。後でご主人に伺うと、タレは醤油とごま油を配合したもので、42年ほど前にご主人が考えたそうだ。周りが赤いチャーシューでも作ったけど、これが一番おいしいという結論に落ち着いた。かくしてラーメンもおいしくいただいて完食。今度はワンタン食べに来ますとご挨拶して店を後にする。

続けて次の宿題先、〈大三元酒家（だいさんげんしゅか）〉へ。関帝廟通りを東に進み、天長門を右折する。ここでは自家製の饅頭を買わないといけないのだ。店頭で見ているといろいろと買いたくなったので、あんまん・にくまん各260円、チャーシューまん・ももまん・小さい肉まん各160円、そして花巻80円も1つ買う。おかみさんにワガママを言って、店の中で饅頭をお皿に並べて写真を撮らせてもらう。ああ、やはり店の中は家庭のように落ち着けるいい雰囲気だ。ここの2階で学生の頃などは何回か宴会をした。またやりたいなと思いつつ、饅頭を手にして店を後にしたのだった。

（2013年12月取材）

＊追記　自宅で温めて食べたら、饅頭は全部おいしかったけど、チャーシューまんが特においしかった。何も入っていない花巻も素朴においしくておススメです。

★こうしょう（関帝廟通り）
横浜市中区山下町139
☎045(681)1293
水曜休み
JR根岸線石川町駅から徒歩12分
元町・中華街駅から徒歩10分

★だいさんげんしゅか（南門シルクロード）
横浜市中区山下町136
☎045(641)4402
不定休（月１回程度）
元町・中華街駅から徒歩５分

◉双喜餅家（ソウハッピーベーカリー）【エッグタルト】

焼きたてを食べて全身シアワセいっぱい

中華街大通りの菜香売店跡地に2013年12月にオープンした〈双喜餅家（ソウハッピーベーカリー）〉（英語表記だと「So Happy Bakery」）。へえ。訪れてみると、ズイブンとオシャレな店構え。まるでハワイかアメリカ西海岸あたりにありそうな中華のお店のようでカッコイイ。

店内に入ると、クッキー（おみくじ入りフォーチュンクッキーもあるよ）、中華ドリンク、そしてお年玉袋などの雑貨もにぎやかに売られていてとても楽しいけれど、ポイントは正面のショーケース。ここで焼きたての中華パイ、パン、そしてお菓子などが売られているのだ。チャーシューパン180円やチャーシューパイ180円もあり、とても気になるけれど、やはり今日食べたいのはエッグタルト160円。店を訪れたのが開店直後の11時すぎだったので、実にタイミングよく焼きあがったようだ。よし、すぐに食べようと、お店の人に小さい紙袋に焼きたてを1つ入れてもらう。「熱いので気をつけてください」とのことだ。ちょっと取り出して写真を撮っておこう。

なんとも美しいエッグタルト。まるでラフレシアのようだ。きれいだけど、食べちゃおう。確かに熱いよ。パイ部分はサクサクと限りなく軽やか。その後に熱々のゲル状のカスタードが口の中で広がっていく。甘すぎることはなく、濃い玉子の旨味が全身に伝わりシアワセでいっぱいになったぞ！「こりゃおいしい」と思わず口に出してしまう。いやあ、これは素晴らしい。すでにブームになりつつあり、土日は1日1000個ほど出るとか。スゴイね。このおいしさはぜひここで食べてもらいたい

けど、持ち帰ったらオーブントースターで焦げないように２～３分（皮のパリパリ感が薄れてしまうけど、電子レンジなら20秒ほど）温めるとよいそうです。ちなみに、ここの馬拉糕（マーライコ＝蒸しカステラ）３８０円も実に素晴らしくてオススメです。

（２０１４年２月取材）

また、あのエッグタルトが食べたいものだ
クスン

＊なんと２０１４年９月に火事となり、残念ながら閉店となってしまった。本当に残念。

★そうはっぴい　べーかりー
（中華街大通り）
※閉店

◉大珍楼新館

ドーンと食べたぞ　大珍楼新館でオーダーバイキング！

本連載もとりあえず大団円。ラストはドーンと食べよう、ということで〈大珍楼（だいちんろう）新館〉でオーダーバイキング。ただバイキングは一人だとつらいので、神奈川新聞文化部の本連載担当・青木さん、企画編集部の出版担当・高木さんにつきあってもらう。いずれも女性、まさに両手に花ですな（笑）。

かくして土曜の昼(！)、中華街大通りは善隣門近くの同店を訪れ、2階のソファ席に案内される。やや時間が早いのでまだ席は空いている（ただ瞬く間に満員に）。注文はタッチパネルで行う。昔はワゴンサービスで、あれは知らないものを食べられる良さがあった。2時間食べ放題、20分前がラストオーダーで、平日は大人2380

円、土日祝なら2880円だ（2014年4月以降は平日2480円に）。
　さてパネルを見てまずは以下の第1陣を注文。「エビの蒸し餃子（ギョーザ）、ショウロンポウ、大根餅、エビクレープ、青野菜の炒め、釜焼きチャーシュー、脱皮エビの揚げ物」。水とお茶はセルフなのでそれを取りに行き、帰ってくると素早く料理が登場。いいね。特に食べたかったエビ蒸し餃子と大根餅。蒸し餃子はエビがプリプリ、大根餅も安定したおいしさ。全体的に量は控えめなので、品数多く食べられます。
この店はとても良心的だと思う。
　第2陣。「北京ダック、エビの紙包揚げ、大珍楼特製ハナマキ、ニラ蒸し餃子、シイタケのエビすり身のせ、帆立貝の蒸し餃子」。点心系がやはりとてもおいしい。エビの紙包み揚げはおススメ。さらに第3陣。「ホタテの照り焼き、エビのマヨネーズ和え、イカのネギ生姜ソース和え、牛ばら肉の醤油煮、豚足の煮込み、香港風焼きそば、大珍楼特製チャーハン」と、肉・魚のメインを狙う。そして満腹指数が上がってきたので、主食系も注文。牛ばらをハナマキで食べてもうまいね。

さあ、デザート系の第4陣。「エッグタルト、仙草ゼリー、マンゴープリン、愛玉（あいぎょく）ゼリー、ゴマ団子、ココナッツ団子、杏仁豆腐、タピオカ入りココナッツミルク」。最初は用心してマンゴープリンを3人で一つにしたが、とてもおいしいので、人数分注文。ココナッツミルクは「飲み物」として最後に食べた。いやあ、おいしかった。それではみなさんごきげんよう！

（2014年3月取材）

★だいちんろうしんかん（中華街大通り）
横浜市中区山下町143
☎045(663)5477
無休
元町・中華街駅から徒歩10分
JR根岸線石川町駅から徒歩7分

ち　⑲茶屋本店・魚食堂（横須賀市若松町）…P142
⑲中華料理　香蘭（横浜市旭区）…P151
⑮中華料理タマヨシ（藤沢市辻堂）…P19
と　⑱鳥海山　湘南台店（藤沢市湘南台）…P108
⑰とんかつ かつき（横浜市港北区）…P87
⑮とんかつ美とん　さくらい井土ケ谷店（横浜市南区）…P25
⑯とんかつ美とん　さくらい上大岡店（横浜市港南区）…P63
は　⑰ぱあら～泉　南太田本店（横浜市南区）…P69
⑰ぱあら～泉　六ツ川店（横浜市南区）…P75
⑯博多天ぷら なぐや　元住吉店（川崎市中原区）…P37
⑰はしごや（横浜市戸塚区）…P72
⑱ハマコ 東口店（横浜市戸塚区）…P102
⑯ハングリータイガー　横浜モアーズ店（横浜市西区）…P42
ひ　⑯秀吉　桜木町店（横浜市中区）…P51
⑯ヒロ坊（逗子市逗子）…P54
ふ　⑰富貴堂（藤沢市藤沢）…P96
ほ　⑱ホフブロウ（横浜市中区）…P117
⑱本格中国料理　上海王（横須賀市衣笠栄町）…P111
ま　⑮丸亀食堂（横浜市南区）…P31
ゆ　⑰湯や軒（川崎市中原区）…P78
よ　⑮洋食 プクプク亭（横浜市港北区）…P13
⑮横濱みなと亭（東京都港区）…P22
ら　⑱ラーメンとお食事　あしなや（鎌倉市小町）…P127
わ　⑰和楽（横浜市中区）…P84

店舗索引

あ　⑲あさくさ食堂（鎌倉市小町）…P148
⑲麻布与兵衛　青春家族（横浜市緑区）…P139
⑲阿部商店（横浜市都筑区）…P160
い　⑮伊勢料理　志摩（横浜市西区）…P34
⑱伊之助（横浜市南区）…P130
え　⑰エバーグリーンカフェ（相模原市緑区）…P93
お　⑯お好み焼き 釜めし　忍（川崎市中原区）…P66
か　⑯勝烈庵　鎌倉店（鎌倉市御成町）…P57
⑰風見鶏（茅ケ崎市新栄町）…P90
⑰鎌倉　里のうどん（鎌倉市雪ノ下）…P81
⑮川村屋（横浜市中区）…P28
⑲カレーハウス　ブータン（茅ケ崎市新栄町）…P136
き　⑱喫茶　タンゴ（横浜市鶴見区）…P114
く　⑲ぐぁんばる亭（横浜市南区）…P154
け　⑲慶州苑　菊名店（横浜市港北区）…P157
⑯K's キッチン（川崎市多摩区）…P45
こ　⑮コシバ食堂（川崎市川崎区）…P10
⑳コトブキ（横浜市中区）…P163
⑲魂心家（大阪市浪速区）…P133
す　⑲水仙閣（横浜市戸塚区）…P145
⑮炭火焼肉・ホルモン　濱蔵 茅ケ崎店（茅ケ崎市新栄町）…P16
せ　⑱盛光堂（横浜市保土ケ谷区）…P124
⑯聖吾そば（閉店）…P48
⑱仙満亭（逗子市逗子）…P99
た　⑱大龍飯店（横浜市旭区）…P105
⑯玉佳（藤沢市善行）…P60

番外編で紹介した**中華料理店**

◎風格ある建物で最高のひとときを

華正樓　鎌倉店…Ｐ191

◎“宿題”の２品を食べました

萬来亭【上海焼きそば】＋東林【ごま団子】…Ｐ194

◎冬の宿題はまだ続く

興昌【チャーシュー丼セット】＋大三元酒家【自家製饅頭】…P197

◎焼きたてを食べて全身シアワセいっぱい

双喜餅家…P200

◎ドーンと食べたぞ　大珍楼新館でオーダーバイキング！

大珍楼新館…P203

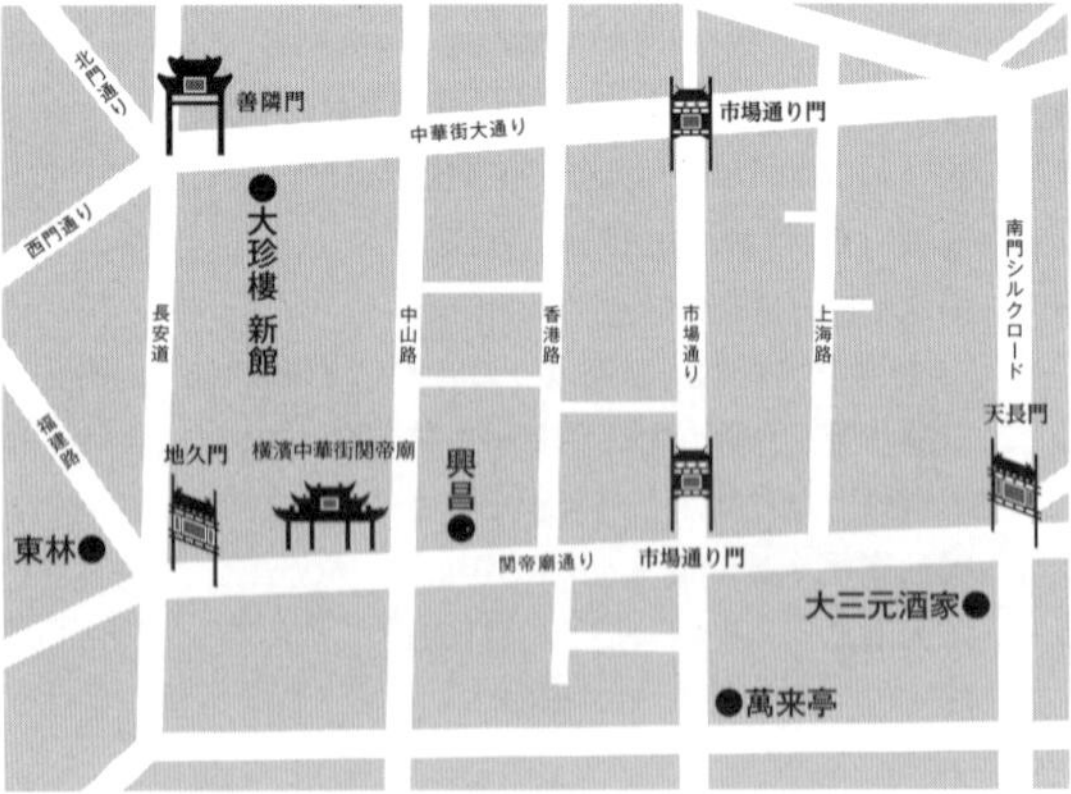

あとがき

定食に見いだす「ハレ」の要素

文化人類学には「ハレ」と「ケ」という概念がある。おおざっぱにいうと、ハレは、晴れの日、晴れ舞台など、華々しい非日常。一方のケは、淡々と過ぎる日常を指すと考えればよい。

さて、われらが今さんが紹介する定食の数々は、果たしてハレの食事か、ケの食事か。そもそも外食は、ハレか、ケか。

勤め人が、勤務の合間に慌ただしくとる昼食は、おそらく日常そのもの。日々繰り返されて、堅実で、飽きがこない。俗にいう〝オフクロの味〟か。

対照的に、いつもは家庭で家事をもっぱらにしている人が久しぶりに友人と語らいながらランチを楽しむ、という設定を考えると、これは文句なく、ときめきすら覚える非日常の場だ。こちらは仮に〝シェフの技〟〝ごちそうご飯〟とでも呼んでおこうか。

というわけで、「外食がハレかケか」は当然のように人と時と場合による。ちなみに私は2014年9月まで3年近く、文化部長として「定食紀行」を担当したのだが、その前半戦の1年余りの間、今さんの原稿を読んでは「700円を超すランチなんて許せない」とつぶやいていたSデスク（男性）は、「サラリーマンの昼食」＝「ケの食事」という図式でモノを言っていたのだなぁ、といまさらながら気がついた。さらにいうと、こういう図式だとどうしても財布のヒモはかたくなりがちだが、ときめきの〝ごちそうご飯〟だと思うと、ちょっとフンパツしたくなる気持ちも分かる。

しかし、外食の、ひいてはわれらが「定食紀行」の楽しさは、淡々とした「ケの食事」の中にも、「ハレ」の要素を見つけだすところにある。何げない（ように見える）日常に驚きを発見するには、コツというか技術が要る。それは、〝食べる〟ことともに、その食事に〝出会えた〟ことを「楽しもう」という姿勢を持ち続けることだ。一期一会の精神といってもいいかもしれない。

いろいろ難しく言ってみたけど、仏頂面で食卓に着くより、上機嫌でいただく方が絶対においしい。その食事は、店を選び、メニューを選んだからこそ、あなたの前に届いたのだ。どんな素材で、どんな味付けで、どんな心遣いでやってくるのか。今さんは、店とメニュー選びの段階から、わくわくどきどきして、〝出会い〟の様子をリポートする。

店内を見回して、いままさに料理中の厨房の音に耳を傾け、登場した定食に（心の中で）歓声を上げる。味噌汁の具の、ことこまかな記述に始まって、ハムカツのハムの分厚さをチェックしたり、付け合わせとの組み合わせにうなったり、漬物の種類を数えたり。フライの衣のカリカリやサクサク、千切りキャベツのシャキシャキ、エビのプリプリ、麺のツルツル…。金を払って食すのだからおいしくて当然という考えもあるが、それでは人生、ちょっとさびしい。
そこで提案。試しに、料理に対面したとき「こんにちは」と心の中で呼びかけてみよう。それだけでハレの度がアップすると思うのだが。

神奈川新聞社報道部教育担当部長　青木幸恵

著者略歴

今 柊二（こん・とうじ）
1967年生まれ。横浜国大卒。大学時代から17年間横浜暮らし。現在町田市在住。定食評論家。著作に「定食バンザイ！」（ちくま文庫）、「定食学入門」（ちくま新書）、「定食ニッポン」「お魚バンザイ！」（竹書房文庫）、「定食と古本ゴールド」（本の雑誌社）、「とことん！とんかつ道」（中公新書）、「かながわ定食紀行」「かながわ定食紀行 もう一杯!」（神奈川新聞社）など。

かもめ文庫――――――㊼

かながわ定食紀行 4杯目！

2014年11月25日　初版発行

著　者　今 柊二
発　行　神奈川新聞社
〒231-8445　横浜市中区太田町2-23
電　話　045(227)0850
ＦＡＸ　045(227)0785

 ISBN978-4-87645-533-1　C0195

「かもめ文庫」発刊について

明治の近代化から一世紀余り、戦後の米軍進駐からすでに三十年余、神奈川といえば日本のどこよりも移動の激しい土地柄、変化の目まぐるしい地域社会として知られています。特に戦後は、都市化・工業化と呼ばれる時代の波を頭からかぶり、郷土かながわの山河・人心は一変しました。

しかし、自らの足もとを見直そう、自分の生活周辺をもう一度見つめ直したいという欲求は、年とともに高まるばかりです。神奈川生まれでない神奈川県民、ふるさとを別に持つお父さんお母さんのあとに、いまではたくさんの神奈川生まれが続いています。

イギリスに「われわれは、別れるためにのみ会っている」という古いことわざがあります。日本語の「会者定離」や「会うは別れの始め」をほうふつさせます。茶道から出た「一期一会」も同じ根っこからの発想と申せましょう。私たちは離合集散の激しい社会、うつろいやすい時代に生きているからこそ、ただひとたびの出会いを大切にしたいものです。

「かもめ文庫」は、七百万県民の新しい出会いの場、触れ合いの文庫として創刊されました。照る日・曇る日、いつも私たちの頭上で無心に舞っている県の鳥カモメ。私たちはこの文庫を通し、神奈川の昨日・今日・明日に出会うことを願って、一冊一冊を編んでいきたいと思います。

1977年11月

かながわ定食紀行　かもめ文庫63

今　柊二　著

サバ味噌、トンカツ、オムライス…。神奈川県内50の町で出合ったうまい店、地元の人々が足繁く通う街角の食堂を紹介する。漫画家・しりあがり寿さん登場の〝定食座談会〟も収録。

■文庫判　200頁（本体760円＋税）

新装版かながわのハイキングコースベスト50ぷらす3　かもめ文庫64

山本正基　著

神奈川県内で楽しく散策できる53コースを紹介するハイキングガイド。初級～中級者向けに3時間ほどのコースを安全に歩くコツを分かりやすく解説する。コース毎に各地の見どころや付帯施設を掲載。

■文庫判　256頁（本体760円＋税）

かながわ定食紀行　おかわり!　かもめ文庫65

今　柊二　著

「かながわ定食紀行」の続編。再び県下50軒の食堂を探訪しつつ定食のある街、駅や鉄道のことなどを綴った心温まるガイドエッセイ。県外の珍しいメニューや全国のおでんダネ談議など番外編も充実。

■文庫判　224頁（本体760円＋税）

かながわ定食紀行　もう一杯!　かもめ文庫⑰

今 柊二 著

下町の味、老舗の味、はたまたステキなオヤジさん、おかみさんのいる食堂50軒を探訪するシリーズ第3弾。精進を重ねた著者が、スマホに頼らない旬の情報をお届けする。名物食堂のよもやま話、「大人のオヤツ」談義などユーモアあふれる話題満載。

■文庫判　212頁（本体760円+税）